中学1年の学級づくり365日のアイデア事典

玉置　崇
山田貞二
福地淳宏

編著

明治図書

購入特典・通知表所見文例データベースについて

<u>以下の注意事項を必ずご確認のうえ</u>，下のＱＲコード，またはＵＲＬよりアクセスしてください。

※１　<u>本データベースはスマートフォンでは使用できません。</u>ＱＲコードの読み取りには，タブレット端末をご使用ください。

※２　<u>本データベースを使用する際は，その都度ＱＲコードを読み取る，またはＵＲＬを入力してサインインしてください。</u>ブックマークからはサンプル版にしかアクセスできません。

※３　本データベースは，明治図書出版が刊行する学習・生活記録『タイムくん』『スクログ』の教師用デジタルコンテンツとして提供されているデータベースと同一のものです。

※４　本データベースの提供は予告なく中止される場合があります。

URL　　　：https://s.meijitosho.co.jp/97vqbrw
ユーザー名：254133
パスワード：bunrei01

はじめに

　私が大学の教育学部で教えている学生たちは，ほとんどが教員を目指しています。彼らと話をすると，「よい学級をつくりたい」という強い気持ちとともに，「学級が崩壊したらどうしよう」という不安を抱えていることがわかります。実際に教師をしている先輩からは，「授業づくりよりも学級づくりの方が難しい」という声をよく耳にするそうです。

　私は，授業の指導助言のために多くの学校を訪問しています。そのとき，教室に足を踏み入れた瞬間に，その学級の状況を直感的に感じ取ることがあります。教師と生徒の関係が良好で，学級ルールがしっかりと確立されているかどうかは，短時間で把握できるものです。そして，時には「このままでは学級が成り立たなくなるのではないか」と心配になるような学級に出会うことがあります。

　学級崩壊の原因は多岐にわたりますが，共通して指摘できるのは，担任教師の学級づくりに対する認識の不足です。基礎や基本を学ばず，計画性をもたないまま学級運営を行っている教師がいると感じます。

　現在，文部科学省の主導で GIGA スクール構想が進み，1人1台の情報端末を活用した授業づくりが求められるようになりました。特に，生徒個々が情報端末に自分の考えを入力し，互いにそれらを読み合い，学び合うことは，1人1台情報端末活用の好例だと言われています。こうしたことは，当然ですが，崩壊している学級ではできません。生徒間の人間関係がよく，安定した学級であってこそ実現できることです。よりよい学級づくりが，ますます求められるようになってきています。

この『中学1年の学級づくり 365日のアイデア事典』には，よりよい学級づくりに必要な基礎・基本が網羅されています。

　新任教師でも，ベテラン教師でも，安定した学級にするためには，年度はじめの学級づくりは特に重要です。例えば「早期に日直，当番，給食，清掃のシステムを確立し，それが1か月で学級に定着すれば，残り11か月は心配無用！」と言う教師もいます。この点を意識し，本書の冒頭から約80ページ，つまり全体の半分を使って，新たな学級を安定させるために役立つ様々なアイデアを紹介しています。

　また，熟練した教師が長年の経験に基づいて，新任教師でも理解しやすいように，具体的な指導アイデアを提供しています。特に新年度の最初の3日間のタイムテーブル，学級活動，教室でのトークについては，よい学級づくりのスタートに，大いに参考になるでしょう。

　さらに，各学期の活動や行事を踏まえて，教室でのコミュニケーションや学級活動の例を豊富に示し，教師が指導のポイントを見失うことがないように工夫されています。通知表の所見文例を含め，学期ごとの具体的なアドバイスも掲載しており，まさに「365日のアイデア事典」となっています。

　今回の企画・編集をしていただいた明治図書出版の矢口郁雄さんには，これまでも数多くの拙著を世に出していただいています。この本も，矢口さんのおかげでとても読みやすく，使いやすい本になりました。大いに自信をもって皆様におすすめできる，365日活用できる学級づくり本です。

2024年2月

玉置　崇

もくじ

はじめに／003

中学 1 年担任として
大切にしたい 6 つのこと／010

中学 1 年の学級づくり

1学期	1 年間の見通し	中学 1 年の年間スケジュール／014
	春休み	新年度準備　やることリスト／020
	新年度 1 日目	タイムテーブル／024
		黒板メッセージ／026
		教室トーク「仲間を気にする雰囲気を！」／028
		入学式／030
		学級活動／032
	新年度 2 日目	タイムテーブル／034
		校内見学／036
	新年度 3 日目	タイムテーブル／038
		学級活動／040

1学期	新入生歓迎会	教室トーク「先輩の姿を目に焼きつけよう！」／042
		校歌練習／044
		振り返り／046
	学級組織づくり	教室トーク「ファーストペンギン」／048
		学級目標づくり／050
		委員会・係決め／052
	環境づくり	教室環境／054
		1人1台端末／056
		学校HP・学級通信／058
	朝の会・帰りの会	教室トーク「相手を意識して話を聴こう！」／060
		朝の会・帰りの会のシステム／062
	給食	教室トーク「全員安心して給食を楽しむために」／064
		給食のシステム／066
	掃除	教室トーク「掃除はなんのため，だれのために？」／068
		教室掃除のシステム／070
		特別教室掃除のシステム／072
	部活動	教室トーク「どうして部活動に入部するの？」／074
		学級活動／076

1学期	授業の受け方	教室トーク「学習のルールを自分たちでつくろう！」／078
		学級活動／080
	中間テスト	教室トーク「みんなでテストに向かっていこう！」／082
		テスト計画づくり／084
		事前指導／086
	席替え	教室トーク「席替えをするのはなんのため？」／088
		席替えのシステム／090
	期末テスト	中間テストの振り返りを生かした対策／092
		テストに向けた学級の雰囲気づくり／094
	通知表	教室トーク「結果よりも大切にしたいもの」／096
		所見文例／098
	終業式	教室トーク「何よりも命を大切に」／102
		学級活動／104
2学期	始業式	教室トーク「自分たちでつくり上げる学期にしよう！」／106
		学級活動／108
	学級組織づくり	教室トーク「学級目標達成に向けて加速しよう！」／110
		学級活動／112

2学期	体育祭	準備・練習／114
		教室トーク「体育祭の目的とは？」／116
		振り返り・事後指導／118
	生徒会役員選挙	教室トーク「一人ひとりが生徒会の一員」／120
		学級活動／122
	合唱コンクール	学級集団形成／124
		準備・練習／126
		教室トーク「なんのために歌うのだろう？」／128
		振り返り・事後指導／130
	個人面談	教室トーク「よい手立てを一緒に考えよう！」／132
		個人面談／134
	通知表	教室トーク「所見は先生からの愛情のメッセージ」／136
		所見文例／138
	終業式	教室トーク「はじめて尽くしを乗り越えて」／142
3学期	始業式	教室トーク「1年生の締め括り，そして2年生0学期」／144
	学年末テスト	教室トーク「有終の美を飾ろう！」／146
		家庭学習・事後指導／148

3学期	進路学習	教室トーク「2年先を見据え，自分を知ろう！」／150
		学級活動／152
	卒業生を送る会	教室トーク「感謝を伝え，伝統や文化を引き継ごう！」／154
		学級活動／156
	学級納め	教室トーク「この仲間とだからこそ成長できた！」／158
		学級解散式／160
	通知表	教室トーク「道徳って，何をどう評価するの？」／162
		所見文例／164
	修了式	教室トーク「自信と清々しさを胸に」／168
		学級活動／170

中学1年担任として大切にしたい6つのこと

1 中学生とは何かを理解させる

　中学校生活を始める1年生には，「そもそも中学生とは何か」を理解させなければならず，3年間の大きな目標を提示する必要があります。しかし，1年生にはなかなか理解できないでしょうから，生徒が成長することを願い，目標の例を教師が提示することをおすすめします。以下は具体例です。

●中学生らしい生活（基本的な生活習慣の育成と規則正しい生活のために）
　・勉強の時間を毎日確保できる。
　・遅刻や忘れ物をしない。
　・服装などについて，時・場・機会に応じて選択できる。
　・ネットやスマホの使い方を自分でコントロールできる。
　・食住などの生活に美しいものを取り入れる。
　・音楽等を生活に取り入れる。
●中学生らしい行動（目標をもち，追究し，責任をもつ）
　・何か1つのことに熱中できる。
　・反省することができる。
　・やっていいことと，悪いことの判断ができる。
　・自分の生き方について考えるようになる。
　・趣味娯楽に節度をもつ。

　このほかにも様々な視点があります。生徒に出会う前に，具体的に示すことができるように準備しておきましょう。

2 学ぶことに楽しみをもたせる

　1年生の早い段階で，「学ぶこと」を楽しむことができる生徒に育てたいものです。

　まず「勉強」と「学び」の区別をしておきましょう。「授業は勉強ですか。学びですか」と問いかけてみましょう。多くの生徒は，小学生の段階で考えたことも，問いかけられたこともないでしょう。しばらく間を空けて，「授業を勉強だと思う人は勉強になりますし，学びだと思う人は学びだと言えるでしょう」と答えましょう。心のもち方1つで勉強にもなるし，学びにもなると伝えるのです。

　勉強には「強いる」という言葉が入っています。強制的に知識や技術を身につけさせられていると思っていれば，それは勉強にしかなり得ません。

　もちろん，勉強を否定するわけではありませんが，「中学生であれば，自ら知識や技術を身につけようという姿勢をもってほしい」と伝えましょう。このような心持ちになったときに，勉強が学びになるのだと説明することです。「自ら学ぼうとする気持ちをもっている人は，コップの口が上を向いている状態の人だ」と喩えてもよいでしょう。上を向いていれば，水を入れることができます。溜めることもできます。ところがもっていない人，つまりコップの口が下を向いている人は，水を入れることができません。

　もともと学ぶことは楽しいことです。仲間と学び合うことはもっと楽しいことです。1年生の段階でこの心持ちを感じさせたいものです。

3 だれもが居心地がよい学級にする

　居心地のよい学級を考える前に，居心地のよい職員室を考えてみるとよいでしょう。職員室にいると，息が詰まるような状況ではいけません。それは，心理的安全性が低い職員室です。安心して座っていられる職員室でなくてはいけません。まずは互いに存在を認め合っていることが大前提となるのでは

ないでしょうか。

　教室も同じです。だれもがごく日常的な教室の中でストレスなくいることができるようにしなくてはいけません。1年生の段階でこのような学級づくりができなければ、進級するにつれて、集団でいることをより嫌う生徒を生み出してしまいます。

　担任はどうすればよいのかというと、一人ひとりの生徒のよさを見つけて認めることです。日ごろの担任の言動は、必ずその学級の生徒に反映するものです。担任が一人ひとりのよさを認めることが、生徒同士で認め合う学級が生まれる最短の手立てだと考えるとよいでしょう。

4　生徒が問題を解決していく学級にする

　小学校では、教師が先導役となり、学級をつくっていく傾向があります。中学校では、教師が先導役になり過ぎてしまうと、生徒は他律的になり、自ら動くエネルギーを低下させてしまいます。1年生の段階で「担任の先生に任せておけばいい」という経験を多くさせてしまうことはけっしてよいことではありません。

　学級の小さな問題でよいので、生徒に問題に気づかせたり、その解決方法を話し合わせたりする経験を意図的に積ませることが大切です。年度後半に、自ら学級の問題を見つけたり、提案したり、解決に向けて意見を述べたりすることができる生徒を、数人でよいので育てることを目標とするとよいでしょう。

5　正義感を発揮できる学級にする

　中学生は、物事の判断が筋道立ててできるようになる年齢です。また同時に、感情の起伏が激しくなる年齢でもあります。こうした年齢の集団をまとめていくには、担任の力量が必要です。しかし、担任1人ですべてをやりき

ろうとする気持ちを強くもってしまうと，かえって集団が育ちません。

　したがって，生徒同士で意見交流をさせたり，生徒に判断をさせたりする場面をつくり出すことです。級友に指摘されることは，担任に指摘されるより，素直に聞けるものです。正義感が育ってくる年齢ですから，言うべきときに言える生徒も出てくるはずです。担任はそうした生徒の存在に気づき，その生徒をつぶしてしまうようなことがないようにしましょう。担任の価値づけがあれば，同様に正義感を発揮し，自律的な学級づくりに貢献する生徒として育ちます。学級集団の中に，正しい判断ができ，それを全体に伝えることができる生徒を育てましょう。1学級に2，3人，そのような生徒を育てることを目標としましょう。

6 ユーモアを解する学級にする

　学級に温かい空気をつくり出す要因の1つは，ユーモアを解する生徒の存在です。担任のちょっとしたくすぐりにも素直に反応し，笑ってくれたり，微笑んでくれたりする生徒は，学級全体の空気を明るく温かいものにしてくれます。また，ユーモアを解する学級には，失敗を許容する雰囲気も生まれてきます。

　担任はいつもにこやかでいて，時にユーモアを発揮すべきです。堅物先生であってはいけません。もちろん，ユーモアを解説するほど野暮なことはありません。ユーモアを解する生徒が徐々に他の生徒に影響を与えるものです。意図的にユーモアを重ねる中で，ユーモアのある教室の空気をつくっていくとよいでしょう。

中学1年の
年間スケジュール

3月	□校務分掌の引継ぎ　　□教室の清掃，教室備品の確認 □学級経営案作成　　□学級通信作成 □学級編制　　□学級開き，システムの検討

■3月のポイント

　新年度が始まると，どうしても慌ただしくなります。異動もあるため，教室の清掃，備品の確認を前年度のうちにやっておくことはもちろんですが，できるだけ仕事を先取りしておくことも大切です。学級経営案や通信などは，新クラスを見てみなければわからない部分もあります。しかし，教育理念や自己紹介などは生徒の実態に大きく左右されることはありません。4月の忙しさを少しでも軽減させるためにも，計画的に進めます。学級開きの準備も，少し余裕のあるこの時期にネタを考えておくとよいでしょう。

4月	□教材の選定，購入　　□学年の校務分掌の決定 □時間割の決定，印刷　　□机，ロッカーのラベル貼り □名札の確認　　□座席表作成

□始業式の配付物の確認　　□教科書，教材の確認
□清掃当番計画　　　　　　□給食当番計画
□教室備品確認　　　　　　□タブレット確認
□短学活のシステムづくり　□学級名簿作成
□健康診断の準備　　　　　□当面の学級の計画

■4月のポイント

　新年度の仕事は，膨大にあります。そこで大切になってくるのが学級の時間を中心に，当面の計画を立てることです。学級の時間にやらなければいけないことを洗い出し，割り振ります。そのうえで，担任としての願いを生徒に伝え，思いを共有しながら，授業，給食や掃除などの日常のシステムをつくっていきます。1年生だからといって，ただ指示をするだけではなく，いつも「なぜこの活動をするのか」という意味を伝えることがポイントです。忙しい中ですが，みんなで話し合って学級目標を決めたり，掲示物をつくったりという活動を通して，親睦を深めるきっかけをつくります。

| 5月 | □連休の過ごし方の指導　　□旅行的行事準備
□授業参観準備　　　　　　□教室環境整備
□部活動入部指導　　　　　□中間テスト指導 |

■5月のポイント

　5月はゴールデンウイークがあり，部活動が始まったり，中間テストがあったりとせわしくなりがちです。何事もはじめが肝心です。部活動とは，定期テストとは…というポイントをしっかりと押さえましょう。中間テストがなくなって

	いく傾向はありますが，これまでやっていた意義は伝えて，期末テストに向けて日々の授業を大切にさせましょう。また，授業参観がある学校も多いです。簡単なものでよいので，4月の学級開きのときとは異なる掲示物で，保護者にも生徒にも，変化を感じさせたいものです。
6月	□期末テスト　　　　　　　　□教育相談 □2学期の行事に向けた準備 ■6月のポイント 　中間テストを実施した場合，あまり間隔が空かずに，期末テストになります。5教科以外のテストもあるため，より計画的に取り組むこと，早めに取り組むことを指導します。また，教師は2学期の行事を意識して，行事のリーダーをだれにするか，合唱曲をどう決めるかなどを想定しながら，学級経営をします。また，教育相談を丁寧に行い，通知表所見や懇談のためにも記録を取っておきましょう。
7月	□学期末評価，評定　　　　　□通知表所見 □夏休みの課題の提示　　　　□夏休み事前指導 □懇談会計画　　　　　　　　□教室大掃除 □1学期のまとめ ■7月のポイント 　7月は夏休みを控えて，生徒の心は浮つきがちです。しかし，これまでの成長を振り返り，2学期の行事や夏休みのよいイメージを共有することで，よい形で1学期を締め括りましょう。けじめをつけるために，持ち物は一部の例外を除き，

すべて持ち帰らせるとよいでしょう。夏休みの過ごし方も，通信などを有効に活用し，しっかりと指導すべきです。

| 8月 | □2学期の教材研究　　　　□各種研修
□1学期の学級経営の反省　□個別懇談の計画と記録
□2学期始業式の準備 |

■8月のポイント

　夏休み期間中は，まずは教師がゆっくり休みましょう。心と体をリフレッシュしながら，2学期に向けての準備です。生徒も新鮮な気持ちで2学期を迎えます。はじめの学級の時間を課題点検のような通り一遍の作業で終わるのではなく，何か明るい気持ちで取り組めるような課題，話のネタを準備しておくとよいでしょう。

| 9月 | □夏休みの課題の処理　　　□避難訓練の指導
□2学期の個人目標決め　　□体育祭の指導
□後期生徒会役員選挙の指導 |

■9月のポイント

　4月から積み重ねたことを，当たり前のことと思わず，改めて始めるつもりで9月1日を迎えましょう。ゆっくりと思い出しながら，当たり前を取り戻します。個人や学級で目標をもたせ，前向きに取り組むようにしましょう。

| 10月 | □書写競技会　　　　　　　□美術競技会
□中間テスト　　　　　　　□文化祭 |

1年間の見通し

　体育祭で培った力を，文化祭につなげます。合唱コンクールは音楽科と連携をとり，担任が中心となって進めていくことでしょう。他にも書写競技会，美術競技会なども，国語科や美術科，その他の担当に丸投げではなく，担任として進捗状況や気になることを聞いておき，指導にあたります。

| 11月 | □期末テスト　　　　　　　　　□学校公開 |

■11月のポイント

　この時期には，行事がひと段落し，少し落ち着いた教室環境にしたいものです。本当に行事で成長したクラスは，ここから生徒指導事案は起きにくく，期末テストにも集中して取り組めます。進路決定を大きく左右する期末テストの価値を十分に伝えましょう。

| 12月 | □学期末評価，評定　　　　　□通知表所見
□冬休み事前指導　　　　　　□教室大掃除
□今年1年の振り返り　　　　□2学期の学級経営の反省
□学級の締め括りイメージ共有 |

■12月のポイント

　「師走」と言われるだけあって，忙しい時期です。だからこそ，計画的に3学期を見据えた指導をしたいものです。「このクラスをどう終えたいか」をゆっくりと話し合い，掃除などの当たり前の活動にも手を抜かず，締め括ります。

| 1月 | □学級の締め括り計画　　　　□3学期始業式
□今年の抱負　　　　　　　　□入学説明会 |

■1月のポイント

　新年を迎えて，子どもたちは新鮮な気持ちです。学級の締め括りをイメージして，改めてしっかりと目標をもたせましょう。0から新しいことを考えるというよりは，「学級目標を達成するにはどんなことをするとよいか」という4月当初の目標をみんなで深めるイメージです。

2月

□卒業式に向けての指導　　□学級の締め括り実動

■2月のポイント

　在校生として卒業式に参加する意義を伝えます。また，学級の締め括りは最後の日にお楽しみ会もよいですが，それまでの「授業を大切にする」「時間を守る」などの当たり前のことにみんなで取り組ませることも大切です。

3月

□3学期の評価，評定　　　　□通知表所見
□生徒指導要録の作成　　　　□教室大掃除
□前期生徒会役員選挙指導　　□学級の締め括り
□出席簿，学級経営案の整理　□校務分掌のまとめ
□教室備品，教科書の点検

■3月のポイント

　3月は1年間の総まとめの時期です。担任や学年の先生，学級の仲間とのよい別れ方をある程度，教師主導で教えていきます。生徒がよいと感じたことは，自然と来年度にもつなげようとしてくれます。初々しく入学してきた1年前を想起させ，学級の1年間の成長を大いに認めることで，来年度は先輩になるという意識をもたせたいものです。

1年間の見通し

新年度準備やることリスト

1 3月中にやる仕事

①学年・学校単位でやる仕事

- 学年分掌の割り振り，組織図作成
- 学年の理念，方針のまとめ
- 担当クラス決定
- 職員座席決定
- 新年度の部会，昼食の計画
- 学年通信，学年懇談会資料，アンケートなどの枠の作成
- 教室，廊下，黒板，ロッカー，靴箱などの清掃
- 新年度に差し替える書類などの準備，確認
- 名札の発注
- キャリア・パスポート確認，整頓

　分掌は新年度になるまで正式決定ではありませんが，春休みにはほぼその全容が決まっているというのが実際でしょう。新しく赴任する先生も含め，学年主任を中心に分掌を割り振り，組織図の原案をつくります。年度はじめにすぐに提案できるよう，方針をまとめたり，先に作成できるものはつくっておいたりします。キャリア・パスポートや申し送りなどの小学校からの書類も3月中に整理しておきます。また，日程を読み，学年で食事が摂れそうな日には昼食を考えておくとよいでしょう。お弁当の段取りをしておくだけでも，新しい学年の職員で親睦を深めるきっかけになります。

②学級担任としてやる仕事

- ・学級経営案の作成
- ・学級通信の作成
- ・出会いの演出の検討
- ・日直，給食，清掃，係活動などの学級システムの検討

　「こんな学級にしたい」という経営方針を決め，その第一歩である「初日のしかけ」を考えます。大げさなものである必要はなく，メッセージを黒板にかく，アイスブレイクや簡単なゲームを考える，生徒の心をつかめるような自己紹介を考えておくなどです。ある程度考えたところで，同僚と相談すると，お互いに刺激を受け，よりよいアイデアが生まれることもあります。新年度が始まり，生徒の顔を見てから…という気持ちもわかるのですが，この少し余裕がある時期に考えるのがポイントです。ゆとりのあるこの時期だからこそ，人となりが感じられ，生徒の心を引き込むようなしかけを考えることができるのです。

　そして，日直，給食，清掃，係活動などの学級システムもこの時期に検討しておくとよいでしょう。新年度に提案される内容によって，マイナーチェンジはありえますが，根幹はそうそう変わることはないものです。1年生で様々なことがはじめてであるため，丁寧に指導する必要はありますが，小学校では最上級生として過ごし，中学校に入学するわけです。子どもっぽいものである必要はなく「中学生らしく，こうあってほしい」「こんな姿を目指したい」という願いをもち，それを踏まえた内容にするとよいでしょう。3月にじっくりと自分の願いと向き合い，考えを練り，イメージを膨らませて，4月の新メンバーと生産的に話し合いができるように準備をしておきます。学級通信や学年懇談会資料など，先取りできるものはなるべく早めに，作成しておくことが，忙しくなるであろう4月を少しでも余裕をもって迎えるためのポイントです。

2　4月に入ってやる仕事

①学年・学校単位でやる仕事

- ・自己紹介＋学年の方針，分掌共有
- ・学年集会，学年懇談会資料作成の依頼
- ・給食，清掃指導など方針共有
- ・名簿印刷，消耗品発注
- ・指導要録などの必要書類差し替え
- ・入学式当日の動きの確認
- ・配付物の確認
- ・学級編制名簿の掲示
- ・通学団の確認

　新年度における学年会のスタートは，職員の自己紹介から始めるのが一般的です。新しく赴任する先生もいるので担当教科や名前を述べることも必要ですが，それだけで終わるのではなく，ちょっとしたユーモアがほしいものです。職員間を和ませようとする心のゆとりが，よい空気感をつくり，1年間の学年経営を安定させます。

　学年の方針，分掌を端的に示します。分掌の提示の際には「生徒の心をつかむのが上手な○○先生には生徒指導のキャップをお願いします」のような気の利いたひと言があるとよいでしょう。

　名簿印刷，消耗品発注，配付物の確認，指導要録などの必要書類差し替えなどといった事務的な業務は，担任が学級開きの準備をしている裏で，学年所属の職員で手分けして効率よく進めるのがよいでしょう。

　給食，掃除などの細かいルールの共有も大切ですが，「木を見て森を見ず」にならないよう，学年がどんなふうにありたいかという大きな方針の共有に力を入れます。

②学級担任としてやる仕事

・学級活動の計画
・学級名簿作成
・教室環境の確認，整備
・学級開きアンケートの作成
・座席表，時間割表，給食・掃除当番表の作成
・黒板メッセージの作成
・初日のあいさつの検討，練習

　年度はじめの学級活動の計画を立て，担任同士で共有します。教科の授業が始まる前に，組織づくりや給食指導などの必要な内容を割り振っていきます。生徒の気持ちが高まっているうちに，学級目標決めとあわせて学級目標の掲示物作成まで済ませてしまう計画が理想的です。学級間で細かな部分までそろえようとすると，担任のよさが出にくかったり，時間がかかりすぎたりしてしまいます。学年でどうありたいかという大まかな方針の下，各担任が自分の学級のことは責任をもって決めるのがよいです。計画やシステムも「共有はするが，強要はしない」というのがみんなにとってよいケースが多いでしょう。

　最も大切な瞬間は「入学してくる生徒との出会い」です。生徒は中学校の教室に入る瞬間を，期待と不安を抱えながら待っています。名簿やロッカーなどにミスがないように細心の注意を払い，机の配置や机上のプリントや教科書の角度にも心を配り，整然とした教室環境で安心させます。入学式の意義と新入生という立場を語り，式の後にはその姿をほめたいものです。初日は何かと時間がない中ですが，多くの家庭で聞かれるであろう「中学校の担任の先生はどうだった？」という質問に対して，生徒が前向きな返答ができるよう，思いを込めて一人ひとりの名前を呼び，上品なユーモアを踏まえた自己紹介をし，黒板メッセージや学級通信でそれを彩ります。

タイムテーブル

登校 〜 8：10	・教室の開錠，窓の開放 ・教室内・廊下・式典会場の確認 ・学級編制表の掲示の準備
8：15〜8：25	・職員打ち合わせ
8：30 〜 9：30	・学級編制表の掲示 ・生徒の出迎え，保護者の案内 ・教室へ引率，靴箱・座席の指定，手洗い ・出欠席の確認，学年主任に報告 ・入学式に参加する心構え，おおまかな日程確認 ・学級ごとに男女名簿番号順（もしくは混合名簿順）に整列 ・入学式へ移動時の整列指導，入場準備
9：30 〜 10：30	・入学式，始業式 ・学級担任発表・紹介 ・教室へ引率指導（保護者学校説明会）
10：40 〜 11：40	・学級開き（学級活動） ・担任のあいさつ，自己紹介 ・生徒の呼名・確認（返事をさせる） ・教科書配付・確認・記名 ・家庭環境調査票・保健調査票などの配付・説明 ・今後の予定の連絡 ・明日の登校・下校時刻，持ち物等の連絡

	・学級活動プリント 　自己紹介カード，学級組織づくりアンケートなど
11：40 〜 12：00	・一斉下校（保護者と待ち合わせ） ・保護者と個別打ち合わせ 　アレルギーをもつ生徒・茶髪やピアスをしてきた 　生徒（養護教諭・生徒指導主事） ・教室の整理・整頓，施錠
12：15〜12：30	・職員打ち合わせ
13：30〜16：00	・職員会議 ・学年部会（生徒情報交換）

　大切な出会いの日です。明るく笑顔を忘れず，生徒，保護者と対面しましょう。登校初日に生徒，保護者に一番もって帰ってもらいたいのは安心感です。「この中学校なら，この担任や学年の先生方なら，安心だ」と感じてもらえるだけで，翌日からの学校生活が円滑に進んでいきます。その後何かトラブルがあったときにも，初日の印象次第で，トラブルが大きくなる前に解決に向かうことがあります。それほど出会いの第一印象は大きな意味をもちます。安心感を得てもらうために必要な二大要素は，①心の余裕，②余裕から生まれる視野の広さ，です。内心は緊張感にあふれ，慣れない状況ですが，タイムスケジュール，あいさつや配付物，確認事項など，前日までに万全の準備をしておくことで，心の余裕が生まれます。心の余裕は，笑顔や明るく溌剌とした声につながり，落ち着いて生徒や保護者の姿や動きを見ることにもつながります。視野が広くなれば，困っている生徒や保護者に声をかけることもできますし，生徒の善行を見つけ，積極的にほめることもできるようになります。初日から笑顔でほめまくることができれば，「あっ，この先生は自分たちのことをよく見てくれる頼れる先生だ」という安心感にプラスして，信頼感を得ることにもつながるはずです。

黒板メッセージ

> ポイント
> 1 彩り豊かに，伝えたいことが簡潔に伝わるようにする
> 2 生徒が見て，心躍るような演出を心がける

1 彩り豊かに，伝えたいことが簡潔に伝わるようにする

　はじめて中学校の教室に足を踏み入れた生徒が最初に目にするものです。きれいで見やすい黒板づくりを心がけましょう。先輩がお祝いの飾りなどをつくってくれる場合は，事前に担任としてどのようなレイアウトにしたいか伝えておきましょう。教室に入ってきて短学活が始まるまでにしておくことを簡潔に書いておくと，生徒も安心です。さらに，どのような動きをするのか観察することで，生徒理解の一助となりますし，ほめるポイントづくりにもなります。

2 生徒が見て，心躍るような演出を心がける

　手書きの板書とともに，チョークで絵をかいたり，写真を使ったりするとよいでしょう。担任の明るい表情や，おもしろいポーズなどの写真がおすすめです。

　また，上記1の生徒がしておく行動の指示などをミッション形式にして，教室の様々な場所に貼りつけている先生もいます。緊張している生徒たちの顔が思わずほぐれるすてきなアイデアです。

担任の写真や「ミッション」などでワクワク感を演出します

彩り豊かに，教室に入ってきた生徒の気持ちになって準備します

教室トーク
「仲間を気にする雰囲気を！」

1 話し始める前に

　担任の先生の自己紹介や中学校の展望，どんなクラスにしたいのか…などなど，この時期に話したいこと，話しておくべきことはたくさんあります。担任と生徒との信頼関係の構築と同時に，生徒同士の人間関係づくりも進めていきたいものです。しかし，やるべきことの多さに忙殺され，案外その種を蒔くのを忘れがちです。

　そこで，生徒にも現在の教室の状況を客観視させるような言葉を，早い段階で伝えておきます。中学校は複数の小学校の子どもが１つに集まって入学してくることが多いです。出身小学校の人数にも差があることは，学級組織づくりなどに影響を及ぼします。初対面の垣根を早めに取り払う意識は大切です。初日でなくても，３日目までには話しておくとよいでしょう。

2 トークの概要

①様々な状況，性格の人がいる
②周囲に意図的に目を向け，気を配る必要がある
③休み時間などにしてほしい行動がある
④中学生らしい「思いやり」を意識したい

仲間を気にする雰囲気を！

　今，この学級はできたばかりです。だから，人間関係はでき上がっていません。前から仲のよかった友だちが意外とたくさんいる人もいれば，知らない人ばかりだ…っていう人もいるでしょう。「知らない人ばっかりだ！　新しい友だちをつくるチャンス！」と積極的に考えられる人もいれば，「やばい…どうしよう…１年やっていけるのかなぁ…」と不安いっぱいな人もいると思います。

　先生は思うのですが，こういう今の学級の状態をきちんと受け止められる人になってほしいのです。「あの子は不安なんだろうな」ってことに気づける人になりたいものです。休み時間なんかを見ていればわかります。不安な人は，しゃべる相手が見つからなくて「ぽつん」と独りでいます。だれだってまわりが知らない人ばかりだったら，そうなるに決まっています。そういう人を見たら，しゃべりかけてみようとか，自分たちの仲間に入れようとか，そういう気配りができるようになりたいものです。こういったことは，たぶんこれまでにも，ひょっとしたら小学校でも言われたことがあるでしょう。今，中学校で同じことを言うのは，「自分たちで気がついて，自分たちでそういうことが必要だとわかってやってほしい」っていう気持ちがあるからです。先生に言われたからやるのではなく，学級を見渡して，自分の学級に「ぽつん」とさびしそうな人がいるのは嫌だから…，そういう考え方ができるようになってほしいです。学級の中で小さな「思いやり」が積み重なることで，本当の意味での「まとまり」が生まれてくるのではないでしょうか。

　だから今，自分と同じ学級になった仲間をちゃんと気にすることから始めましょう。「とりあえず，自分が楽しかったらいいか」ではなく，「自分と同じくらい，他のみんなも楽しくあってほしい！」。１年○組が，こういう考え方がもてるすてきな人たちであふれることを願っています。

入学式

> ポイント
> 1　歓迎の気持ちが随所に伝わるようにする
> 2　式後，個別の配慮が必要な家庭とコミュニケーションを取る

1　歓迎の気持ちが随所に伝わるようにする

　新入生には，入場前に，入場の仕方，座席の位置，座り方など，あらかじめ担任から指示をしておきます。事前に清掃を行き渡らせ，生花なども使い，体育館や受付を華やかにしておきます。先輩から歓迎の合唱（校歌でもよい）があると，緊張感の中にも温かい雰囲気が生まれます。

2　式後，個別の配慮が必要な家庭とコミュニケーションを取る

　式後，体育館に保護者が残って保護者説明会ができる場合，体育館での待機時や下校時に，①通学団，②自転車登校許可地域，③アレルギー対応，④茶髪・ピアスなどの校則違反が見られた生徒の保護者との面談，の4点について確認しておくことをおすすめします。

　②については，どこまでが範囲となっているのか，通学団とともに地図を貼り出すなど，明示しておくとよいでしょう。③については，学年主任や養護教諭から全体に話し，その後個別で対応を相談しておくとよいでしょう。エピペン所持生徒などは事前に把握しておきます。特に中学校は入学式から給食開始までの日数が近いため，担任の負担減にもつながります。

「主役は新入生＆保護者」の気持ちで迎えます

新入生の心を震わす合唱は先輩の自覚も育てます（歌詞カードは事前に準備）

学級活動

> **ポイント**
> 1 呼名を暗唱することで担任の情熱を伝える
> 2 2日目以降の学級活動の見通しをもつ

1 呼名を暗唱することで担任の情熱を伝える

　入学式を終えて教室に戻り，最初の学級活動。まずは担任の自己紹介です。明るい表情，ハキハキとした声，そしてユーモアを交えて行いましょう。その後，生徒の名前の確認も含めて一人ひとり呼名を行います。ここでおすすめなのが，名簿順にフルネームを暗唱して呼ぶことです。「先生はあなたたちに会うのが楽しみ過ぎて，全員の名前を憶えてきました。それでももし間違えていたら先生を助けると思って，すぐに教えてね！」と言って始めましょう。見事全員呼び終えると，「おーっ！」と生徒から拍手してくれることも多いです。担任のやる気が伝わり，生徒の名前と顔の一致が早く，明るい雰囲気づくりも兼ねられるので，一石二鳥どころか一石三鳥です。

2 2日目以降の学級活動の見通しをもつ

　2日目以降の学級活動では，学級役員や学級組織，学級目標などを決めていくことになります。効率よく決めていくためにも，ここで概要を説明し，役員や委員への立候補を考えているかアンケートを採り，回収しておきます。学級目標の案などは宿題にしておくと，生徒も見通しをもてます。

担任の第一印象はここで決まると言っても過言ではありません

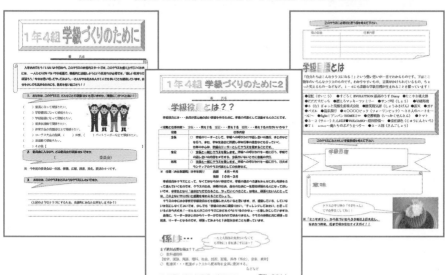

プリントに概要をまとめて配付します

タイムテーブル

登校 ～ 8：00	・教室の開錠，窓の開放 ・昇降口の開錠 ・学年打ち合わせ（必要に応じて）
8：00～8：20	・あいさつ，生徒の出迎え
8：20～8：30	・読書タイム
8：30～8：45	・朝の短学活（担任主導） ・提出物の回収（環境調査票や保健調査票など）
8：45 ～ 9：35	・校内見学 ・校内見学の順番を待つ間は学級活動 　学級担任としての願い（指導方針など） 　学級役員選出（室長・議員・書記）
9：45～10：35	・知能検査（各種学力検査の場合も）
10：35～11：35	・学級組織づくり（委員会・係活動・当番活動） 　給食指導（翌日から給食開始の場合）
11：35～11：50	・帰りの短学活（担任主導）
12：00 ～ 12：20	・通学団会 　通学団員の確認 　通学団長・副団長の選出 　通学路確認 　通学団ファイルの作成
12：20～	・通学団下校（担当ごとに教師は通学路点検）
13：30～14：20	・職員会議

1学期

14：30 〜 15：20	・専門部会や研修会 特別支援担当者打ち合わせやエピペン研修会など （会議がない教師で要録やキャリア・パスポートな どの整理をしておくとよい）
15：30 〜 16：20	・学年部会 給食指導・清掃指導 部活動入部指導 生徒指導 総合的な学習指導 授業参観，学年懇談会（PTA総会）などの確認

　２日目は，午前中で生徒が下校する学校も多いでしょう。まずは，生徒の学校生活リズムづくりを心がけます。朝の立哨指導では，学年主任や学年所属の先生が，校門や昇降口や廊下に立ってあいさつをしながら，生徒の様子を見ます。担任は教室で生徒を迎え，声をかけていきましょう。

　短学活は担任主導でプログラムを教えながら行います。1〜3時間目は通常の日課で進んでいく学校が多いはずなので，50分授業と10分の休み時間という生活に慣れさせることも大事です。ここでトイレの使い方や時間にゆとりをもって着席することなどを指導していきます。

　朝の短学活が終わると，学級活動をすることも多いと思いますが，最初に校内見学を行うのも１つの手です。校内を案内しながら，特別教室への移動の仕方や通学団会の教室の場所なども指導できます。イベントとして職員室への入り方を実演させたり，「屋上への入場券」をかけて体育館や武道場で，じゃんけん大会をしたり，屋上で学級写真を撮ったりすると，生徒の緊張もほぐれ，その後の学級組織づくりが決めやすい雰囲気になります。

　翌日に給食が始まる場合は，給食時間や準備の仕方，持ち物の確認を忘れないように生徒に教えましょう。午後の学年部会では，授業開始までの確認もれがないように行います。

校内見学

> **ポイント**
> 1 はじめにしておくことで迷子を予防する
> 2 笑顔になれるイベントを用意する

1 はじめにしておくことで迷子を予防する

　新1年生は，中学校の校内のどこに何があるかを当然知りません。そのような中，2〜3日目には，例えば通学団会で様々な教室に行くことになります。そこで，2日目最初の学級活動で校内見学を行ってみてはいかがでしょうか。各学年の教室や特別教室の場所，それぞれの学年で使用する階段などを知っておくと，通学団会になったときに迷子になる生徒が減ります。ついでに下駄箱の使い方や傘立ての位置などの確認もしておくとよいでしょう。

2 笑顔になれるイベントを用意する

　校内見学を進める中で，ちょっとしたサプライズイベントをするのも一興です。例えば，武道場や体育館でじゃんけん大会を行い，最後に勝ち残った1人に「屋上入場券」を渡します。それを屋上の前にいる先生に渡すと，クラス全員特別に屋上に入り，全員で記念撮影をすることができる…といったオリエンテーリングのような流れにします。生徒の表情も和らぎ，リラックスをしてその後の学級組織づくりに移ることができます。

小学校にはなかった教室もたくさんあり，生徒は興味津々です

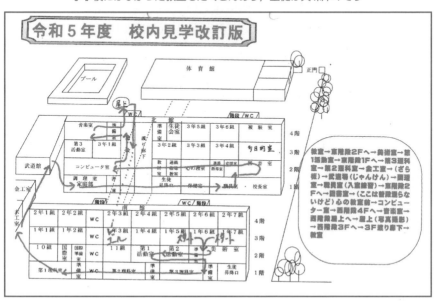

見取り図を基に，学年団の職員でルートや人員配置を確認しておきます

タイムテーブル

登校 〜 8：00	・教室の開錠，窓の開放 ・昇降口の開錠 ・学年打ち合わせ（必要に応じて）
8：00〜8：20	・あいさつ，生徒の出迎え
8：20〜8：30	・読書タイム（本を忘れた生徒には道徳の教科書を）
8：30〜8：45	・朝の短学活 ・提出物の回収（環境調査票や保健調査票など）
8：45 〜 9：35	・学級写真 ・学級写真の順番を待つ間は学級活動 ・前日の学活の積み残し（学級組織づくりなど）
9：45〜10：35	・学級活動 　清掃指導（翌日から清掃開始の場合）
10：35〜11：35	・学級活動 　学級目標，学級掲示物づくり
11：45〜12：35	・学力検査
12：35 〜 13：20	・学級活動 　給食指導 　会食の隊形，手洗いの指導 　5分後着席の習慣形成 　給食当番：身支度，配膳室，ワゴンの使い方 　当番以外：グループづくり，ナフキン・マスク・箸 　　　　　　忘れの貸し出し，おかわりのルール

13：20 〜 13：35	・昼休み 　教室，廊下で生徒とコミュニケーションを取りながら，観察，着席やトイレのスリッパなど指導
13：35 〜 14：25	・学年集会 　職員紹介，学習指導，特別活動，生徒指導，総合的な学習の指導，保健指導，学年主任の話など
14：25〜14：40	・帰りの短学活
14：40 〜 15：50	・新入生歓迎会リハーサル 　学校紹介，部活動紹介指導 　新入生お礼の言葉指導
15：50〜16：40	・部活動指導

　３日目には給食や清掃が始まります。当番活動は，３年間を見越して，学級が変わっても，担任が変わっても，同じやり方でやっていくことが理想です。細かい部分は学級裁量があってもよいと思いますが，基本は学年統一で学年所属の先生も共通理解のもと，進めていくべきです。給食費は全員が払っているのですから，不平等なことがあってはいけません。給食は楽しい時間です。そのためにも，勝手に食べ物のやりとりをしないなど，はじめから約束を徹底することが大切です。清掃も，学年職員全員で細かく分担し，時間いっぱいまで任せられた清掃場所で全員が取り組み，一斉に終わるように指導していきます。

　また，３日目までに学年集会を行うところも多いでしょう。ここでも，話を聴く姿勢はもちろんのこと，入場，退場などの指導もはじめにある程度しっかり行うことで，集団行動の礎となります。例えば，体育館に入ったらまず整列し，座ってから体育館シューズを履くよう指導することで，静かに入場することが当たり前になります。何も指導しなければ，入場するなり音を立てて体育館シューズを落として履く生徒でいっぱいになるでしょう。

学級活動

> **ポイント**
> 1 話し合いの仕方を教えつつ全員発言させる
> 2 多数決以外の決め方で成功体験をさせる

1 話し合いの仕方を教えつつ全員発言させる

例えば，学級目標について話し合うときには，「学級目標とは『こんなクラスになっていくんだ，というみんなの願い』です。だから，必ず全員発言を達成したうえで決定しましょう」と伝えて話し合いをスタートさせます。事前アンケートに目を通してから，学級役員主導のもと，意見を一人ひとり発表させていきます。ある程度希望する言葉が出そろったところで，①質問があれば質問，②「こちらの方がふさわしい」という反論や，「こうした方がよりよい」という折衷案などの意見，③質問，反論，折衷案など言えない人は「○○の意見に賛成」という賛成意見など，具体的な意見の出し方，発表の仕方を教えます。具体的な方法がわかることで全員発言が達成できます。

2 多数決以外の決め方で成功体験をさせる

最後の決定を多数決にしてしまうと，時としてそれまでの話し合いが反映されない結果になってしまうことがあります。安易に多数決をせず，言葉を組み合わせたり，話し合いを重ねたりする中で決定することで，話し合いが価値づけされます。それは，その後の授業での話し合いにもつながります。

全員が発表すれば，多数決しなくてもある程度の方向性が定まります

学級活動をきっかけに授業での話し合いも活発になります

教室トーク
「先輩の姿を目に焼きつけよう！」

1 話し始める前に

　入学式に次ぐ行事となる新入生歓迎会。入学式とは違い，生徒会執行部や3年生が主体となって企画・運営される行事です。あって当たり前ではないこの行事が，どんな人によって，どんな想いを込めて行われているものなのかということを明確にする言葉がけをしましょう。自ずと参加する側の心持ちも変わってくるでしょう。

　中学校では，このように自分たちで企画・運営する行事が多くなります。そんな2，3年生の姿をよく見ておくように伝えておきます。2，3年生に憧れをもち，「自分もあんな中学生になりたい」「先輩のように学校をつくっていきたい」と思わせることができたら，新入生歓迎会は成功と言えるでしょう。

2 トークの概要

①新入生歓迎会の内容予想（予想させることで会に興味をもたせる）
②運営は生徒自治会執行部（中学校では主体となるのは生徒であることを意識させる）
③2，3年生の姿を目に焼きつける（中学生らしさのイメージをもたせる）
④自分はどのような姿で臨むか（決意表明）

先輩の姿を目に焼きつけよう！

> これから新入生歓迎会があります。どんな行事なのでしょう？　予想して
> みましょう。また，この行事はだれが運営しているか知っていますか？

　一方的な説明にならないように，生徒に投げかけて，口を開く機会をつく
ります。予想が正しいか正しくないかは別として，「自分事」として考える
時間が大切です。生徒から正しい答えが出ないときは，教員が明らかにして
しまいましょう。

> そうです。この行事は，皆さんが入学する前から，生徒自治会執行部が自
> 分の時間を割いて企画をしてくれている行事です。どんな行事になるか，ワ
> クワクしますね。

　ありがたみを押しつけるということではなく，「先輩たちが考えてくれた
生徒目線の企画だからワクワクする」と方向づけましょう。今後の行事は，
自分たちも企画・運営に関わっていくことも伝えていきたいですね。

> 先輩たちとも，ほぼはじめての対面になります。行事に向かう先輩の姿も
> しっかり見ておきましょうね。

　先輩の姿に目を向けるよう働きかけることによって，彼らが思い描く「中
学生らしい姿」「憧れの姿」のベースをつくります。

> また，君たちは，中学生としてどのような姿で臨みますか？　近くの席の
> 仲間と話してみましょう。また，歓迎会が終わった後に，それが達成できた
> か聞きますね。

　「話す人の方を向いて聞く」などとできるだけ具体的に答えられるとよい
でしょう。終わった後に振り返りがあることを先に伝えておくと，主体的に
参加する動機づけになります。

校歌練習

ポイント
1　校歌はなんのためにあるのかを一緒に考える
2　常に歌詞カードを持ち歩けるようにする

1　校歌はなんのためにあるのかを一緒に考える

　コロナ禍を経て，本来の合唱を知らぬまま中学校に入学してきた生徒たちもいることでしょう。とりわけ校歌は，ほとんどの場合，全校生徒が集う場で歌うことから，その機会がめっきり減ってしまいました。そこで改めて，どうして各学校に校歌が存在し，大切な学校行事で歌うのか考えさせてみましょう。学校に資料が残っていれば，どんな人が，どんな意味を込めて作詞・作曲したか紹介できると，より一層大切に歌おうとする気持ちが高まります。

2　常に歌詞カードを持ち歩けるようにする

　ポケットに入るカードサイズの校歌の歌詞カードを印刷して配付しましょう。クラスで練習するときや行事で歌うときなどにあると便利です。
　もちろん，校歌練習のときは，生徒だけに練習させるのではなく，担任も一緒に歌うことが大切です。担任が率先して取り組む姿勢を見せると，生徒も「自分も練習しないと」と感じるものです。十分に歌えるようになったら，「担任校歌チェック」をしてみてもいいですね。

身分証明書のケースに歌詞カードを入れてすぐに見られるようにします

校歌を歌う先輩たちの姿のよさにも気づかせましょう

振り返り

> **ポイント**
> 1 些細なことでもまずはほめる
> 2 先輩の姿を見て感じたことを話し合わせる

1 些細なことでもまずはほめる

　新入生歓迎会を終え，教室に帰ってきたら，まずほめましょう。

　「１時間集中して参加できましたね」「体育館で座りっぱなしは大変だったけど，よくがんばりました」「中学生らしい姿でしたよ」

　当たり前なことかもしれませんが，先生と生徒たちが出会ってまだ日が浅いこの時期，一番大切なことは信頼関係づくりです。些細なことでもほめると，生徒は「自分たちのことをよく見てくれている」と感じ，安心します。

2 先輩の姿を見て感じたことを話し合わせる

　まずは参加する前に自分たちで立てた「どのような姿で臨むか」を達成できたか振り返る時間を取りましょう。自己評価でよいし，悲観的に反省する必要はないことを伝えます。そのうえで，２，３年生の姿を見て感じたことを全員で話し合います。自分の振り返りと，先輩たちの姿を比べて，今後目指したい姿と，そのためにこれからの生活でどんなことを意識していくかを考えます。リーダー候補の生徒には，生徒会執行部の動きを振り返らせ，将来的には立候補を目指すような働きかけをしてもよいでしょう。

集中して話を聞いている姿を写真に撮っておきます

どんな振り返りでも生徒が語り合う場をつくりましょう

教室トーク
「ファーストペンギン」

1 話し始める前に

　学級組織をつくる際にまず決めるのは，学級委員や級長などと呼ばれるリーダーではないでしょうか。こういった大事なリーダーを決める前に，必ず担任が「リーダーに求めるもの」を提示しましょう。「勇気」や「行動力」のように端的な言葉で表現できることが望ましいです。そして，それが伝わるエピソードを用意します。なるべく生徒がイメージしやすい，印象に残るものがよいでしょう。そして，リーダーを支えるフォロワーの役割を示します。学級は先生やリーダーがつくるものではなく，みんなでつくっていくものだということを伝えます。しっかりと求めるものが伝われば，リーダー候補の生徒の言葉も変わってきます。「小学校のころにもやったことがあるのでその経験を生かしてがんばりたい」「やったことはないけれどみんなのために一生懸命がんばりたい」のような空虚な話にならないようにします。

2 トークの概要

①ペンギンの写真（視覚に訴え，興味をもたせる）
②ファーストペンギンの説明（キーワードを生徒に落とし込む）
③リーダー像の明確化（リーダーとは何かイメージをもたせる）
④フォロワーの価値を知り，リーダーを決める（全員でクラスをつくっていくという意志をもたせる）

ファーストペンギン

> 今からリーダーを決めます。まずは，この写真を見てください。

何をする時間なのかを簡潔に述べ，海に飛び込むペンギンの写真を見せて興味をもたせます。

> ペンギンが何をしているかわかりますか？　魚などを獲るために海に飛び込んでいるのです。でも，海の中にはリスクもあります。シャチやアザラシなどのペンギンを食べる動物がいるからです。しかし，リスクを負わなければ得られるものもないのです。ただし，群れが一気に海に飛び込むことは少なく，最初に海に飛び込むペンギンを「ファーストペンギン」といいます。

生徒が興味をもちそうな話を準備し，説明します。直接的には関係がなさそうな話題だと，生徒は考えながらよく聞きます。

> リーダーには，このクラスのファーストペンギンになってほしいのです。リスクを恐れず勇気を出して進み，みんなを導いてくれる人という意味です。もちろん，ペンギンと違って命を失うリスクまでは負いません（笑）。みんなの成長のため，正しいと思うことを積極的に行動で示してほしいのです。

リーダーとファーストペンギンの共通点を示し，リーダーへの願いを語ります。真剣な雰囲気の中にも温かい笑いがあるとよいでしょう。

> ファーストペンギンだけががんばっていてもよい集団にはなりません。ファーストペンギンの勇気を称え，支え，それに続き，お互いに感謝し合えるような，リーダーとフォロワーの関係をつくっていきましょう。

リーダーではない他の多くの生徒をおいてけぼりにしてはいけません。支える責任を意識させ，サブリーダーやよいフォロワーを育てていくためにも，リーダー決めをみんなが携わる時間にしましょう。

学級組織づくり

学級目標づくり

> ポイント
> 1　全員で掲示物を作成することで所属意識をもたせる
> 2　個人の目標に落とし込み，目標を自分事にする

1　全員で掲示物を作成することで所属意識をもたせる

　学級目標を決めるころというのは，生徒はまだ期待に胸を膨らませながらも，不安な気持ちもあることでしょう。そこで，みんなの願いのこもった学級目標を決めたら，その熱が冷めぬうちに掲示物を作成します。生徒の得意を生かしながら，デザインを考えたり，話し合ったりすることもよいですが，スピードを大事にするなら，デザインの大枠は教師が決めてしまう方法もあります。そうして全員で作業することを大切にするのです。作成する過程で必ず関わりが生まれ，所属意識につながります。デザインが得意な生徒が活躍する場は年間を通して他に用意すればよいのです。

2　個人の目標に落とし込み，目標を自分事にする

　掲示物の中に個人が作成する部分を設けます。全体の目標に沿って個人の目標を書かせるのです。話し合いによって民主的に決めた目標ですが，その達成のために自分がすべきことを考えさせ，個人の目標を設定することで，自分事として捉えさせます。自分の書いた目標が名前つきで，学級に掲示されることで，所属感も意欲も高まります。

学級目標のイメージに合った掲示物を協力して作成する様子

個人名と一人ひとりの目標が書かれた掲示物

委員会・係決め

ポイント
1 どんな委員会があるのかを校内の様子から知らせる
2 係の掲示物に写真を載せる

1 どんな委員会があるのかを校内の様子から知らせる

委員会がいくつあるかを知らせます。委員会の名前とその活動内容を表にしておくとよいでしょう。ただし，機械的に知らせるのではなく，毎日の放送が流れていること，掃除道具が使えること，花壇にきれいな花が咲いていることなど，これまでの生徒の生活場面を話し，それらが委員会活動に支えられていることに気づかせます。また，委員会は学校全体の，係は学級の運営に貢献するものであることも説明します。

2 係の掲示物に写真を載せる

係活動の担当がわかるように，生徒に掲示物をつくらせることがあります。その際，担当生徒の名前とあわせて写真を載せます。教科担当の先生に顔と名前がわかるということだけでなく，生徒同士が「どんな写真，ポーズにしようか」などと自然に仲良くなることも期待されます。イメージをつかませるためには，過去の先輩のものを見せることが効果的です。写真があることで，1年生の4月に温かい雰囲気がつくられ，懇談会では保護者の表情もほころびます。

委員会の(昨年度)活動目標と具体的活動例

活動場所	活動目標	活動内容
生活 (2名募集)	○ いつでも自分からあいさつをする牧中生にしよう 目標：目指そうABCDの原則！ 　　　届けよう気持ちの良いあいさつ！	・朝のあいさつ ・生活目標に基づいて週番を決め、呼びかけとチェック ・牧中あいさつ運動
保健 (2名募集)	○ 健康観察をしっかりやる。熱中症予防を呼びかける。 　　かぜやインフルエンザ予防のため、手洗いうがいや換気を呼びかける。 目標：Happy School Life@ 　　　牧中生の健康でハッピーな生活のために	・健康観察 ・病人付き添い(保健室へ) ・教室の換気 ・スリッパの整頓呼びかけ ・給食当番の手指消毒
広報 (2名募集)	○ ポスター作りなどの広報活動に一人ひとりが積極的に取り組み、生徒会や他の委員会活動に貢献する。 目標：全校生徒が学校の活動に情熱をもって取り組めるような広報活動を行う。	・ポスター作り(生徒会テーマ・読書月間・熱中症呼びかけ・羽根募金・あいさつ運動・体育大会) ・駅伝応援の掲示物 ・文化祭のテーマ文字
図書 (2名募集)	○ 親しみやすい図書館をつくるために環境整備をする。 ○ 一人ひとりが責任をもって当番活動をする。 目標：牧中生全員が親しみやすい図書館をつくるために、図書委員全員が全力で活動しよう。	・おすすめ本のコーナーと紹介 ・図書室の当番活動 ・新着図書の入れ替え ・学級分館の管理 ・ライブラリーアワー
美化 (2名募集)	○ 募金活動の呼びかけ ○ 美化的な視点での校内点検 目標：Brightness(輝き)～生徒も学校も～	・清掃道具の管理・点検・交換 ・緑の募金活動 ・赤い羽根募金 ・校内点検
放送 (1名募集)	○ 常時活動の質を上げつつ、行事の成功へつなげる 目標：用意周到	・牧中タイムのBGM ・お昼の放送 ・集会のマイク点検、設置 ・各行事に関してのインタビュー放送

より、いごこちの良い学校生活にするために直接働きかけることができるのが委員会の魅力です！

しかし！一年生前期に、委員会に所属できるのはたったの十一名です。誰かがやってくれるのを待つのではなく、全員が必ずどこかに立候補するつもりで考えましょう！！

委員会とその目標，活動内容を一覧にしたプリント

生徒の写真を載せた係の掲示物

学級組織づくり

教室環境

ポイント
1 机，いすがいつでも整然と並ぶようにする
2 ロッカーの上には何も置かない

1 机，いすがいつでも整然と並ぶようにする

生徒が帰った後の教室で，黙々と机といすの整理をされている先生がいます。生徒たちにも，下校前に机といすの整理をさせた後，さらに担任として寸分の狂いなく，毎日整頓をしているのです。その理由を「朝，登校して目にする教室環境次第で，生徒の心はまったく変わる」と言われます。

机やいすがいつでも整然と並ぶようにする工夫として，机の脚を合わせる位置を床に目印としてつけておくという方法があります。

2 ロッカーの上には何も置かない

机やいすと同様に，ロッカーの上も常にきれいにしておくよう心がけたいところです。一時的に集配物や背面黒板掲示物など，クラスの共有物が置かれることはあっても，なるべく早く片づけるようにします。特に私物は絶対に置かせないようにします。

地震対策という意味でも，落ちてくるような場所にはものを置くことは避ける必要があります。

すぐに整頓できるよう床に目印をつけておくと便利です

ロッカーの上にものを置かないようにします

1人1台端末

ポイント
1　禁止事項を絞って，それを共有する
2　Kahoot！で楽しく知識・技能の復習をする

1　禁止事項を絞って，それを共有する

　端末を活用しようとするとき，「いらぬ生徒指導事案を起こしたくない」という意識が働きがちです。しかし，新しいことを始めるにあたって，トラブルは避けて通れません。ここで大切なのは「取り返しのつかないようなトラブルを起こさない」ということです。例えば，一つひとつのwebサイトについて可否を議論するようなことになると，煩わしくてだれも使わなくなります。そこで「情報発信」「設定変更」「ログイン」「インストール」などポイントを絞って禁止事項を決め，理由もあわせて説明します。そのうえで自由に使わせ，トラブルが起きたらそのときに対応し，教職員で共有します。

2　Kahoot! で楽しく知識・技能の復習をする

　生徒に主体的に活用させるためには，教師にもアイデアがなければいけません。例えば，クイズアプリのKahoot! を使えば，クイズ番組のような形式で各教科の知識の確認が簡単にできます。全員が楽しみながら参加できるのでおすすめです。生徒が問題をつくることも簡単にできるので，学習だけでなく，学級レクリエーションにもおすすめのアプリです。

タブレット端末の使用について　〜生徒のみなさんへ〜

○卒業まで同じ端末を使用し、卒業時に返却します。大切に扱いましょう。

○学習や生活を向上させるため、より有効なタブレットの活用をしましょう。

○ただし、次のことは禁止とします。

　●情報の発信　　　（外部への発信。掲示板への書き込みなど）

　●設定の変更　　　（壁紙を含む各種設定の変更など）

　●ログイン　　　　（アカウントを使ってメールを送受信するなど）

　●インストール　　（端末に新しいアプリを入れること）

　●その他、先生が使用を禁じた場合

○困ったとき

　●故障や破損、紛失をしたときは、すぐに先生に伝えましょう。

　　＊いつ、どのように起こったのか、合わせて伝えましょう。

　　＊状況により、予備機や修理で対応しますが、予備機がない場合もあります。

生徒に配付するタブレット端末使用に関するルールの具体例

Kahoot！を使って簡単な計算問題の復習を行っている画面

学校HP・学級通信

> ポイント
> 1 できるだけ早く学級づくりへの思いを発信する
> 2 写真等による発信は許可を得る

1 できるだけ早く学級づくりへの思いを発信する

「教育は人なり」という言葉があります。保護者は，中学になってはじめての担任には特に関心をもちます。そこで，できる限り早いうちに自分の学級づくりについての思いを伝えることが良策です。

手軽に伝える手段の1つが，学校HPや学級通信です（学校HPは，学級ごとの発信が許されている場合とそうではない場合があると思います）。まずは学校の方針を順守して，学級通信を通して担任として望む中学1年生の姿などを伝えるとよいでしょう。学級通信も，紙ではなく，多くの学校で導入され始めている欠席連絡等ができるアプリで発信するのもよいでしょう。

2 写真等による発信は許可を得る

発信に際しては，あらかじめ許可を得ておくことを忘れてはいけません。許可を得る対象は，保護者，生徒，管理職や学年主任等です。発信自体を拒否されることは少ないと思いますが，特に写真は個人が特定されないものを使用することを前提に，掲載の事前許可を得ておきましょう。

入学式での担任との初対面を捉えた写真

体育大会での勝利の瞬間を捉えた写真

教室トーク
「相手を意識して話を聴こう！」

1 話し始める前に

　朝の会・帰りの会では，生徒への連絡を漏らすことなく伝えることが非常に大切です。職員会議や学年会議での決定事項を伝えたり，その週にどんなことがあるか生徒にある程度の見通しをもたせたりすることが重要です。

　1年生ですから，朝の会・帰りの会では，話の聴き方，発言の仕方，級友の発言の認め方を指導するとよいでしょう。本来，当たり前にできることのはずですが，話をしていても目が合わない生徒が増えてきているようにも感じられます。

　話を聴くときは話し手の目を見る，相づちなどの反応を示して意思表示をする，質問するときは最後まで話を聞いてからする…といったことがきちんとできると，どの授業でも態度がよくなっていきます。下を向いたり，他のことをしたりしている生徒が出てきたときには，教師が素早く見つけて，毅然とした態度で指導していきましょう。もしかしたら，なんらかのサインを出しているのかもしれません。

2 トークの概要

①朝の会・帰りの会では連絡を聞き漏らさない
②話を聴くときは目を合わせる
③級友が話をしたときの反応の仕方も意識する

相手を意識して話を聴こう！

> 朝の会では，大切な連絡をします。すべて君たち自身に関わることですから，聞き漏らすと自分だけではなく，まわりの人にまで迷惑がかかることがあるので，朝の連絡は必ず覚えておくようにしてください。

まずは，しっかりと話を聴くような雰囲気をつくりましょう。教卓の前に立って教室の様子を観察しているだけでも，生徒は私語を止め，やるべきことを意識するようになります。

> 話を聴くときは，目を合わせましょう。目を合わせることは，心を通わせることにつながるので，先生は１対１で話をするときと同じように，皆さんの目を見て話をします。先生がどんな思いで話をしているかは，目を見ながら話を聴くと，自然と伝わってくるものです。

コミュニケーションの基本は，目を合わせることです。目が合わない生徒は，それ自体が「困っている」というサインである場合もありますし，普段は目が合っていたのに，あるとき急に合わなくなると，何か気持ちが揺らいでいることが多いものです。目を合わせることは，生徒の心理状態の把握につながります。

> 自分が何かを発表したとき，または学級全体に向けて発言したとき，どんな反応が返ってくると気持ちがよいですか？　返事が返ってきたり，相づちを打つ人がいたりすると，自分の思いが伝わったように感じてうれしくなりますよね。学級の全員が自分の気持ちを率直に伝えられるようにするには，受け取り手の反応の仕方が大切であることを覚えておいてください。

「級友が発言をしたら拍手をする」という形式的な約束をするのではなく，級友の発言に対してどんな反応を示すことが大切かを考えさせるようにします。少なくとも，発言者の方を向いて聴くようにはさせたいものです。

朝の会・帰りの会

朝の会・帰りの会の システム

1 朝の会の前に

朝の会の前に，10分間だけ読書をする時間を設けるとよいでしょう。落ち着いた雰囲気をつくることができますし，読書離れと言われている今だからこそ，読書の大切さを伝えるべきだと思うのでおすすめです。読書をする時間になっても本を机上に出していなかったり，かばんをロッカーにしまっていない生徒がいたりしたときは，必ず声をかけましょう。見逃してしまうと，きちんと座って読書を始めている生徒が不満をもつことになります。

2 朝の会のシステム

右のような朝の会の流れを提示します。

健康観察では，呼名をしたら健康状態を話させるようにしましょう。「体調が悪い人はいませんか？」などと尋ねる方法もありますが，

~朝の短級の流れ~	
※8：30になったら速やかに教卓に出て司会を行う!!	
①号令	「これから朝の短級を始めます。姿勢を正して，礼。」
②健康観察	「健康観察。保健委員，お願いします。」
	※この間に連絡を読みあげる準備をしておく！
③連絡	「今日の連絡です。」
	「係，委員会からの連絡はありませんか？」
④目標	「今週のクラスの目標。プロ委，お願いします。」
⑤先生の話	「先生の話。平松先生，お願いします。」 → 着席

1年生だと上手に言えない生徒を見逃してしまうことがあるので注意が必要です。

最近では，タブレット端末を使用して朝の連絡・確認を行う学校も増えています。

1
学
期

3 帰りの会の始め方

　帰りの会の始め方は，担任の考え方に合わせて様々な工夫ができます。チャイムが鳴ったらまずは帰りの荷物をかばんにしまわせてから会を始める方法（①）や，チャイムが鳴っても席を離れず会を終えてからかばんに荷物をしまわせる方法（②）など，学級の実態に応じて決めるとよいでしょう。

　①のメリットは，会が終わったらすぐに教室を出られることでしょう。会の後は部活動や委員会活動などの活動がある生徒も少なくありませんから，生徒にとってはこの方がうれしいかもしれません。

　②のメリットは，机のまわりに余計なものを置かないので，生徒が何をしているかがよく見えることにあります。ものをしまいながら話を聴くこともありませんから，どちらかというと②の方をおすすめします。

4 帰りの会のシステム

　右のような帰りの会の流れを提示します。朝の会・帰りの会は儀式です。礼に始まり，礼で終わるような計画を立てるべきでしょう。起立をして，「お願いします」と声をそろえて始めてもよいですし，着席したまま姿勢

～帰りの短級の流れ～
※授業終了後、席を立たせず、即短級を行うこと!!

①号令　　「これから帰りの短級を始めます。姿勢を正して、礼。」

②連絡　　「明日の予定を連絡してください。」「1時間目○○係…」
　　　　　「係、委員会からの連絡はありませんか？」

③反省　　「今日の反省。プロ委、お願いします。」

④スピーチ　「スピーチタイム。テーマは○○です。」
　　　　　※テーマに合わせて30秒程度スピーチする。

⑤日直交代　「明日の日直は○○と△△です。お願いします。（復唱）」

⑥先生の話　「先生の話。平松先生、お願いします。」

短級終了後、後片付けをしっかりして、チェックを受けるまでが日直！

を正し，静かに礼をして始めてもよいと思います。

　チャイムが鳴ると，生徒の集中力は切れてしまいます。目は合っていても，内心は「話が長いよ」「早く終わってよ」と思っていますから，大切な話をしても生徒の心には響きません。帰りの会の最後に担任が話すことはとても大切ですが，時間内に終われるような内容にしましょう。

教室トーク
「全員安心して給食を楽しむために」

1 話し始める前に

　1年生の給食について，保護者からの多い相談は，「食べる量について配慮してほしい」というものです。次いで「嫌いな食べ物が出たときは残すことを認めてほしい」という相談もよくあります。このような相談があった場合，どのように答えればよいのでしょうか。

　確かに，好き嫌いや偏食を肯定することはできませんが，食育に関する問題は，担任の熱意だけでどうにかなるものではありません。野菜をすべて残す，ひと口しかご飯を食べないといった極端なケースについても，保護者との相談のうえで対応を決めていく必要があります。「食育は学校のみならず，家庭との連携のうえに成立するものである」ということを念頭に置いておきましょう。

　ただ，「なんでもよし」ではいけませんから，残しにきた生徒に対して「半分は食べてみよう」「明日は野菜に挑戦してみよう」などと言って，ほんの少しの挑戦を促す取組は続けていきましょう。

2 トークの概要

①給食についてどんなことに不安を感じているのか
②担任としてどんな思いをもって給食指導をするのか
③食事を楽しもうとする気持ちが大切である

全員安心して給食を楽しむために

皆さんは，給食が楽しみですか？　楽しみでない人は，どうしてですか？
自分が感じている不安を，まわりの人と共有してみましょう。

　班で共有することによって，「同じことに不安を抱いている生徒が他にも
いるんだ」と安心感をもったり，人前で発言することが苦手な生徒の本音を
明らかにしたりすることができます。

　給食は，基本的には残さず食べるようにしましょう。なぜなら，給食は，
栄養士さんによって成長期の中学生に必要な栄養素をしっかりと摂取できる
よう計算してつくられているからです。ただし，無理をしてまですべて食べ
てほしいとは思いません。食べられない場合は相談してください。食べられ
ない理由を説明してくれれば，食べられるようにするための方法を，先生も
一緒に考えることができるからです。少しずつ挑戦していきましょう。

　担任としての思いをしっかりと伝えたうえで，「食べられない場合は相談
してね」と共感的な姿勢を示すことで，生徒も苦手な食材に前向きに挑戦す
るようになるでしょう。「食べないのはわがまま」と決めつけるのではなく，
「どうしたら食べられるようになるか」という視点でアドバイスをしてあげ
るとよいでしょう。

　運動はいつかしなくなるかもしれませんが，生きている以上，食事をしな
くなることはありません。人は，１日のうち約３時間を食事に充てています。
だからこそ，食事を楽しもうとすることは，生きていくうえでとても大切な
ことなのです。

　食事を楽しみ，食について正しい知識を得ることは，すなわち生きる力を
高めることです。教科指導だけでなく，一社会人としての健全な生き方を指
導することも，教師の大きな使命の１つと言えます。

給食

給食のシステム

1 役割分担

　基本的に給食当番は1班6〜7人程度で構成します。この班分けをする際は，出席番号順で決めたり，担任が生徒の行動の様子を見て意図をもって決めたりします。1年生では，まずは与えられた役割を的確にこなすことが大切ですから，だれが何を盛りつけるかを給食当番表に掲示しておくなど，自分の役割が何かが明確に分かるような工夫をしておくとさらによいでしょう。

　配膳当番は，次週の給食当番の班が担当するようにしておけば，翌週は自分が給食当番だと確認することができるので，生徒がマスクを忘れて給食当番ができなくなることを予防することができます。

　給食当番や配膳当番以外にも，配膳する前の机を拭いたり，アルコール消毒液での手指消毒を呼びかけたりするなど，様々な役割があります。「この仕事はだれがする仕事か」を明確に示しておくことが，効率的な給食配膳システムを構築するうえでは非常に重要です。

2 当番のローテーション

　給食当番のローテーションは，基本的に1週間交替にするとよいでしょう。ただ単純に交替していくだけでなく，準備の時間をタイマーで計測し，1週

間で一番準備にかける時間が短かった班は次回の当番を免除するなど，ルールを設けてゲーム性を加えてもよいと思います。ただし，一番遅かった班にやり直しをさせるなど，ペナルティを与えるようなルールは適切ではありません。自分の役割をより効率的にこなすための工夫を促すようなポジティブなルール設定が必要です。

3 白衣の管理

　1年生には，特に白衣の管理指導が大切です。月曜日はアイロンがけされたきれいな白衣だったのに，水曜日にはしわくちゃな白衣を着て当番の仕事をしていることがよくあります。「借りたものを大切に扱う」というのは当たり前のことですが，意外と目が行き届かないものです。きれいにたたんで，金曜日まできれいな状態を保たせましょう。

　また，衛生の観点から，白衣は教室の中でも衛生的な場所でまとめて保管するようにしましょう。

4 おかわり

　配膳の時点ではおかわりが出ないようにすることが原則です。それでも減らしにくる生徒がいて余りが出た場合は，おかわりをしたい生徒によそってあげましょう。その際には，できるだけ公平性を保つことが重要です。明確なルールを設定し，不満をもつ生徒が出ないようにしましょう。

5 片づけ

　片づけで大切なことは，他者への気配りです。ごみを乱雑に捨てたり，汚れたスプーンをそのまま戻したりする生徒は，その後に食器をまとめる給食当番への気配りができていません。片づけの様子を担任が確認し，そういった生徒を見逃さずに声をかけるようにしましょう。片づけの時間までには食べ終わるよう指導することも大切です（ただし，無理に食べさせるような指導は避けましょう）。

教室トーク
「掃除はなんのため，だれのために？」

1 話し始める前に

「掃除はやるべきことだ」ということは，ほとんどの生徒が自覚しています。「どうして勉強をしなければならないのか」という質問を生徒から受けることはよくありますが，「どうして掃除をしなければならないのか」という質問はあまり聞きません。

「掃除は大切である」ということを指導するならば，継続性が大切だと思います。4月，どの生徒も一生懸命掃除をします。それは，小学校での指導のおかげですが，中学校生活に慣れてくると，友だちとのおしゃべりが目立ったり，手を抜いたりする生徒が出てきます。こうしたときにどのような言葉かけをするのかで，教師の力量が問われます。

ここでは，ただ単に掃除の大切さを説くのではなく，掃除の大切さはわかっているのに一生懸命に掃除することを続けられなくなることを想定して，そうしたときにどうするべきか，という話を中心に進めていきます。

2 トークの概要

①だれもが掃除の必要性を感じている
②先輩がしっかり掃除を続けてきたことを知り，その伝統を受け継ぐ気持ちをもちたい
③「だれかの役に立っている」という気持ちをもちたい

掃除はなんのため，だれのために？

　今日は，掃除について，みんなで考えてみたいことがあります。先生はこれまで，「なんで勉強をしなければいけないんですか？」という質問を受けたことがあります。でも「なんで掃除をしなければいけないんですか？」という質問は受けたことがありません。なぜでしょう。

　「掃除は必要だということをみんながわかっているから」ということを確認するための質問です。

　中学校に入学したとき，「汚いな」と思うことはありましたか？　ほとんどの人はないはずです。なぜなら，君たちの先輩が，一生懸命掃除をしてきたからです。美しい学校を保ち続け，何世代先の後輩にも，皆さんと同じように「この学校はきれいだな」と思ってもらいたいものです。そのためには，やる気があるときだけがんばるのではなく，しっかり掃除に取り組むことを当たり前にしていく必要があります。

　きれいな学校を保ち続けるには，継続性が大切であることを伝えます。行事の直前や学期末の大掃除など，特別なときだけ一生懸命やるのではなく，普段の掃除の時間にどれだけしっかり取り組めるかが大切であることに気づかせたいものです。先輩の掃除の姿を見せられる機会があれば，撮影して教室で見せるなどすれば，生徒の意識の向上につながるでしょう。

　君たちが掃除をするのは，自分のためだけではありません。君たちが毎日しっかりと掃除に取り組むことで，気持ちよく学校生活を送れるだれかがいます。そうすると，そのだれかも，他のだれかのためにしっかり掃除に取り組むようになるでしょう。その連鎖こそが，きれいな学校づくりなのです。

　「だれかの役に立ちたい」という社会性を育てるキーワードにもなるでしょう。だれかのために進んでがんばろうとする生徒を育てていきたいですね。

掃除

教室掃除のシステム

1 役割分担

　教室掃除に限らず，学級の掃除場所を分担する方法は様々です。班で掃除場所を振り分けて，1班は教室，2班は階段…のようにする，「教室ほうき①」「廊下水拭き②」などと各人に1つずつ役割を与えて，週ごとにローテーションしていく，

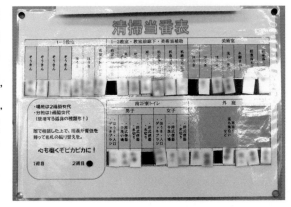

などいろいろな方法があります。担任によって様々な考え方がありますから，学級の実態に合わせて決められるとよいでしょう。

　1年生には，中学校でのやり方をきちんと伝えないと，次第に出身小学校のやり方でやり始めます。そうすると，清掃方法が統一されず，自分がやりたいようにやり，いずれ不真面目に取り組むようになってしまいます。そういったことを防ぐためには，まずは5～6人で班を編制し，お互いにやり方を確認しながら掃除を進められるようにするとよいでしょう。

2 掃除の始め方

　掃除のチャイムは，掃除のスタートを知らせるものです。チャイムが鳴ってから机を下げ始めるのではなく，チャイム2分前には学級役員が呼びかけて机を下げるなど準備をさせ，チャイムと同時に分担場所に移動させること

が望ましいでしょう。チャイムが鳴ってから担当場所を確認したり，何を担当するかを決めたりするようなことは避けましょう。そうすることで，時間内はしっかりと掃除に取り組もうとする雰囲気をつくることができます。

3 床の拭き方

机をすべて教室後方に下げたら，4人程度が教室の窓側に，窓に向かって1列に並びます。教室の床に木目の正方形のマスが並んでいれば，「1人4マスを担当すれば，教室の約半分を一度で掃除できますよ」などと伝えます。

自在ほうきで大きなごみやほこりを掃いたら，後ろ向きに雑巾で4マスずつ拭き上げていきます。後ろ向きで雑巾をかける理由は，きれいにしたところを踏んで，すぐに汚れてしまうことを防ぐためです。また，手が滑って顔を床に打ちつけることを防ぐなど，安全の確保にもつながります。

教室の半分を拭き終えたら，机を移動させて，残りの半分も同じように拭いていきます。教師は，ごみが残っていないか確認したり，生徒の取組の様子を見て声をかけたりするようにしましょう。

4 その他

教室掃除は，ほうきや床拭き以外にも，オリジナルの仕事をつくることができます。例えば，ほうきや床拭きだけでは取り切れないのが，教室の隅の小さなごみです。「隅っこ職人」という仕事をつくって，ちりとりで教室の隅のごみを取らせることもよいでしょう。こうしたユーモラスな仕事をつくることで，生徒の掃除に取り組む意欲を向上させることができます。

特別教室掃除のシステム

1 役割分担

掃除場所は，学級に割り振られた特別教室と教室を，全員が担当するようにルールを設けるとよいでしょう。

右の例は，教室の座席で班を決め，その班で2週間ごとにローテーションをしていくという方法です。2週間経過したら，表を1つ分回します。2週間ごととするのは，あまり早く交代すると，方法が定着する前に次

清掃分担
外庭
教室
トイレ
教室・廊下
美術室
4 5 1 2 3

の掃除場所に移るので，仕事内容を覚えられないからです。逆に，1か月は長過ぎて，生徒が飽きてしまいます。

特別教室は，場所によって使用する掃除道具が違うことがあります。だれでも，どこでも掃除ができるように，1年生のうちにある程度の場所は経験させておきましょう。

2 移動

特別教室掃除は，掃除場所への移動に時間がかかります。教室掃除のようにすぐに取りかかれるわけではなく，場合によっては職員室に行き，特別教室の鍵を借りてから始める場合もあるでしょう。そうすると，掃除を始めるころにはすでに数分が経過しており，掃除が十分にできずに時間が終わって

1学期

しまうおそれがあります。

　特別教室掃除は，いかに素早く移動するかが大切です。清掃開始のチャイムが鳴ったらすぐに教室から出る，担任以外の教員が特別教室を解錠しておき余分な移動を減らす，おしゃべりに夢中で移動が遅い生徒に声かけをするなどして移動時間の短縮を促し，清掃時間をしっかりと確保することが重要です。

3 教師の見回り

　1年生，特に1学期では，担任は教室掃除の指導で忙しく，特別教室掃除の指導に手がまわらないこともあるでしょう。しかし，まったく見回りがないと手を抜いてしまう生徒が出てくるのは必然です。自主的に掃除に取り組む態度を育てることはもちろん大切ですが，それと見回りをしないのはまた別の話です。

　また，生徒間で掃除に対する姿勢に差が見られるようになると，しっかり掃除に取り組む生徒が「どうして先生は見にきてくれないんだ」と不満をもつ原因にもなります。

　少しの時間だけでも見回りをすることで，そういったことを未然に防ぐことができますし，何か困ったことがあれば，見回りの先生に相談することもできます。

4 おわりのあいさつ

　特別教室担当の先生が見守ってくれる場合，清掃終了時に「ありがとうございました」と気持ちよくあいさつをして終わらせるようにします。

　また，チャイムが鳴っているのに掃除を続けさせるのはよくありません。チャイム前に終わってはいけないことと同様に，時間を守ることを徹底しましょう。そうすることで，時間内に終わるように工夫して取り組むようになります。

教室トーク
「どうして部活動に入部するの？」

1 話し始める前に

　部活動は，中学校に進学した1年生の生徒の多くが楽しみにしていることの1つです。しかし，活動に参加する目的も違えば，競技の経験や習熟の程度も異なります。

　1年生には，「学校生活がしっかり送れていることが前提となって，部活動に参加できる」という意識をもたせる必要があります。担任として部活動の意義をしっかりと伝えましょう。大会やコンクールなどの結果がすべてではないこと，学校生活の一環として部活動が行われていることを忘れてはいけません。

　1年生の指導で大切なのは，一人ひとりが部活動に参加する目的を担任としてしっかりと把握することです。学級ではなかなか目立つことがない生徒でも，部活動では中心となって活躍する場合が多くあります。顧問と担任で連携し，生徒の努力や成長を共有し，生徒にフィードバックできるような体制を構築することが大切です。

2 トークの概要

①部活動の数（部活動に対して興味をもたせる）
②3年生の日記（先輩の日記から部活動の意義について考えさせる）
③部活動のよさ（部活動の意義を伝える）

トーク

どうして部活動に入部するの？

> この中学校にはいくつの部活動があると思いますか？

クイズ形式にすることで明るい雰囲気で話を進めることができます。

> では，どうしてあなたたちは部活動に入部するのですか？

生徒に問いかけることで，自分事として考えるきっかけとします。その後，ペアやグループで自分の思いを話し合わせます。

> 以前，担任していた3年生が引退後に書いた日記を紹介します。「私は，レギュラーになることができませんでした。最後の大会にも出場することはできませんでした。それでも仲間とともに一生懸命取り組んだこの3年間は私にとって大きな財産です。あいさつ・整理整頓・人とコミュニケーションを取ることの大切さなど，たくさんのことを学びました」。皆さんは，この先輩が日記に書いたことについてどう思いましたか？

実体験は，生徒も注目するものです。部活動に入部する目的は人それぞれです。結果だけでなく，過程を大切にして取り組んでいってほしいことを伝えます。

> 部活動に入る目的は人それぞれです。大切なことは，どのような結果を残すかではなく，部活動を通してどのように成長していくかだと思います。明日からの体験入部では，いろいろな部活動を体験し，自分が3年間継続できる・成長できる部活動を選んでください。最後にもう一度聞きます。どうしてあなたたちは部活動に入部するのですか？

同じ質問をすることにより，自分の考えの変化に気づかせることができます。数名の生徒に全体の前で発表させます。級友の考えを聞くことにより，自分の考えが深まります。

部活動

学級活動

> **ポイント**
> 1　入部の決意を書かせる
> 2　年間の活動日数を知らせる

1　入部の決意を書かせる

　学級活動の時間に，部活動入部への決意を書かせます。「レギュラーを取りたい」「大会でよい結果を残したい」などの目標だけにならないよう，人としてどのように成長したいのか，どのようなことをがんばりたいのかを記入する項目も用意します。また，目標を記入するだけでなく，学期の終わりや学年末に振り返りを行います。ただし，無所属の生徒がいる場合，配慮が必要です。

2　年間の活動日数を知らせる

　生徒や保護者が誤解しやすいことの1つに，部活動の日数があります。年間を通してほとんど休みなしに行っていると思い込んでいるのです。実際には部活動の行き過ぎを未然に防ぐために，多くの学校が活動日の制限を設けたり，職員会議等の教職員が指導できない日は活動休止にしたりしています。そういったことを踏まえて，入部前にあらかじめ年間の活動日や休止日について周知することが大切です。

1年（　）組（　）番（　　　　　　）

「　　　　」部　| 部活動　がんばり宣言 |

記入日　　年　月　日

〇部活動の目標を立てよう

あなたの目標は何ですか？　（技能面）

あなたの目標は何ですか？　（行動面）

技能面だけでなく行動面での目標も書かせます

〇平日の活動について

・少なくとも，週に1日を休養日とします。

・活動終了時刻は，日没時刻を考慮して決定します。　日没の影響がない時期でも，最長17：15までとし，最終下校時刻を17：30とします。

〇休日の活動について

・土曜日か日曜日のどちらかを休養日とします。

・「家庭の日」である第3日曜日は実施しません。

・休日の練習時間は，準備，片づけ，休けいを除いて3時間を目途とします。

・長期休業中の休日の活動は実施しません。　年末年始の休業，夏季休業中の行事をもたない期間も同様とします。

・大会参加等で上記のルールから外れる場合は，代替の休養日を設けます。

・1年生の休日練習の開始は，5月下旬以降とします。

生徒や保護者に周知したい活動日や休止日のルール例

教室トーク
「学習のルールを自分たちでつくろう！」

1 話し始める前に

　本格的に授業が始まる前に，学習のルールを確認します。中学校は，複数の小学校から生徒が入学してくることが多いためです。それぞれの小学校のルールがバラバラなので，確認しないままスタートしてしまうと，統率が取れなくなってしまいます。また，中学校は教科担任制でもあるため，学級の学習規律は他の教科担任にも影響が出てきます。机上の用具の置き方やあいさつの仕方など，一見細かいと思えることでも学年職員と相談しながら，1年生全員がしっかり理解した状態で中学校の授業をつくりましょう。

　また，ルールそのものも，教師がトップダウンで伝えるのではなく，「自分たちで1年○組の学習のルールを考えよう」と課題を与え，生徒に考えさせながらつくっていった方が，実態に応じた意味のあるものになります。最初にこのステップを踏んでおけば，後から修正したいことが出てきてもまた全員で話し合ってルールをつくり直すことができます。

2 トークの概要

①中学授業の印象（素直な気持ちを出させる）
②小学校より深いことを学べる（ワクワクさせる）
③授業をどんな時間にしたいか（学ぶ姿勢を自分たちで考えさせる）
④学習規律づくり（自分たちでルールを考えさせる）

学習のルールを自分たちでつくろう！

> いよいよ中学校での学習が始まりますね。どんなイメージがありますか？

　素直な気持ちを聞いてみましょう。「難しそう」という返事も想定されますが，その意見も受け止めながら，ネガティブな印象で終わらないように次の話に続けます。

> 中学校の授業は，ただ小学校の内容が難しくなっているだけではありません。言い換えると，小学校より，もっと深く，もっとおもしろいことを知る，考えることができるのです。

　生徒が「どんなことができるんだろう」と思えるような，ワクワク感を増す声かけをしましょう。「社会では討論会もやるみたいだよ」と，教科の目玉となる活動を紹介してもよいでしょう。このとき，教科担任の先生も一緒に紹介します。身近な先生が教えてくれることを知ると，教科にも親近感がわき，生徒の漠然とした不安も軽減できます。

> さて，皆さんは，授業をどんな時間にしたいですか？

　そして，生徒に投げかけます。これまで授業をどんな時間にしたいかなんて考えたことがなかった生徒もいることでしょう。このことを考えることが，主体的に学ぶ素地をつくります。「楽しい時間」と答える生徒には，さらに「どのような状態が楽しいか」まで考えさせると，より深まります。これらが，ひいてはこの学級の学習目標になるでしょう。

> そのために必要なことはなんでしょう？　学級の全員で確認しましょう。

　こうしてこの教室の学習規律（学習のルール）を考えさせていきます。「話す人の方に体を向けて聞く」のような，学習が苦手な生徒も含めた全員が無理なく守れるもので構いません。

授業の受け方

学級活動

> ポイント
> 1 授業をどんな時間にしたいか考える
> 2 1を達成するための具体目標を考える

1 授業をどんな時間にしたいか考える

　本格的に授業が始まる前に，学習目標を考える学級活動を設定するとよい
でしょう。自分たちが授業をどのような時間にしたいか，具体的に考えさせ
ます。単に「集中する」だけで留めるのではなく，「集中しているとはどの
ような状態なのか」まで深く考えさせると，よりイメージがわき，次にあげ
る具体目標が考えやすくなります。

2 1を達成するための具体目標を考える

　学習目標を達成するために，どんな具体目標があるとよいかを考えさせま
す。「1人1回は必ず挙手発言する」というような目標は，具体的ですが現
実的ではありません。学級の全員が，無理なく達成できるものを考えていき
ます。

　また，目標をつくっておしまいにせず，定期的に振り返る時間も取りまし
ょう。達成度合いに応じて，修正することも大切です。時には，「今週は1
分前に全員着席しよう」などと，学級独自のキャンペーンにしてもよいでし
ょう。

学級訓や生活目標と一緒に掲示した学習目標

グループ活動では全員の机をそろえるところからスタートです

教室トーク
「みんなでテストに向かっていこう！」

1 話し始める前に

　中学生になってはじめて経験するものの中に定期テストがあります。教科ごと単元ごとで随時テストを行うことが多い小学校とは違い，中学校では全校一斉にテスト期間を設定してテストを行います。学期の設定の仕方や，中間テストと期末テストの設定の仕方等は学校によって多少違いますが，１年生にとって定期テストに対する不安が大きい点は同じです。

　そのため，まずは生徒たちの不安をしっかりと受け止めることを大事にしましょう。そのうえで，中間テストとはいったいどういうものなのか，どういう計画を立てて，どう取り組めばよいのかなどについて，過去の具体例も示しながら丁寧に説明していきましょう。そして，だれもが意欲的に取り組むことができるよう励ましていきましょう。

2 トークの概要

①中間テストを迎えるにあたっての不安（仲間と不安を共有する）
②中学校に中間テストがある意味（定期テストの意味を伝える）
③中間テストの具体的内容や取組方法（年間の実施計画，過去の問題例などでイメージをもたせる）

みんなでテストに向かっていこう！

> はじめての中間テストが１か月後にありますが，何か不安に思っていることはありますか？　交流してみましょう。

　まずは，素直な気持ちを交流し合うことで，不安なのは自分だけではないことに気づかせ，これから心落ち着かせて取り組んでいこうとするきっかけにしていきましょう。

> では，なぜ定期テストが行われるのでしょうか。中学校では，小学校で学んだことを土台に，将来必要な知識や技能として身につける内容が増えてきます。そして，この３年間で学んだ内容が自分の進路選択に大きな影響を与えることになるのです。したがって，時期と範囲を決めて学習内容をしっかりと理解しているかどうかを定期的に見届け，結果として学力を身につけていくことができるように定期テストを行っているのです。

　３年後の進路選択にもつなげて，自分の学力の定着を促すために定期テストが全校一斉に設定されていることの意味をしっかりと伝えましょう。

> テストは５教科を２日間に分けて行います。取組としては，まずは授業にこれまで以上に集中することです。そして，学習計画表を作成し，毎日コツコツと学習を進めます。また，１週間前からは部活動が停止され，全校でテストに備えます。テストを受けるのはあくまでも自分自身ですが，ぜひ学級全体で真剣に取り組んでいく雰囲気をつくり，みんなで向かっていきましょう！

　テストの日程や過去問，計画表の例などを参考にして，１か月前の今から少しずつ気持ちを高め，自分に合った計画表づくりに向かうことができるよう促すとともに，学級全体で雰囲気をつくっていくことの大切さも伝えていきましょう。

テスト計画づくり

ポイント
1 テスト範囲をしっかりと確認する
2 実行可能な計画表をつくらせる

1 テスト範囲をしっかりと確認する

　はじめての定期テストを迎えてまず生徒たちに理解させたいのは，テストには範囲があることです。多くの場合，テスト範囲には，教科書のページだけでなく，ワークやドリル等の内容も示されます。そして，テストの実施と同時に，ノートやワーク等の提出も求められます。テスト勉強の第一歩として，試験問題の出題範囲だけでなく，出さなければならない提出物も含めてテスト範囲として，しっかりと理解させることを大切にしましょう。

2 実行可能な計画表をつくらせる

　生徒にとってはじめての計画表作成です。中には，計画表を作成した段階で安心してしまい，実際の努力が十分に伴わない場合があるかもしれません。よって，学習計画表では，「計画」と「実施後の記録」の両方を書くスペースをつくり，自分で調整しながら学習を進めることができるよう工夫するとよいでしょう。テスト終了まで見通して，柔軟で無理のない計画を立てさせましょう。また予定通り実施できた教科の実施時間数は赤で○をつけるなど，目標達成状況を可視化することで意欲を引き出す効果も期待できます。

初テストを攻略しよう！

①配付されたテスト範囲表は生活の記録に貼り，いつでも確認できるようにしましょう。

②３日前にはワークの範囲が終わるように，余裕をもって計画を立てましょう。テスト直前の３日間は，ワークの中から苦手な部分を復習しましょう。テスト当日もしくは翌日にワークを提出することが多いです。テスト計画用紙は，毎日提出します。

③どこまで学習を進められたか，ワーク確認表を使って確かめましょう。

④テスト見本を多目的室廊下に掲示しました。参考にしてください。

⑤男子トイレの前にある棚に各教科のプリントを用意しました。家庭学習で使用したい人は，使ってください。

⑥テストは50分です。普段の家庭学習でも50分間集中して勉強しましょう。50分間にどれだけ問題を解けるのかを確かめると，当日の時間配分の参考になります。

⑦事前に持ち物を確認しておきましょう。

制服・名札，シャープペンシルや消しゴム，直定規，コンパス（不正を疑われないようシンプルなもの。高校受験でも同じです）

学級での事前指導に活用する資料「初テストを攻略しよう！」（抜粋）

1年生　中間テスト　学習計画・記録表
～初めての定期テストに全力で取り組もう！～
※平日2時間以上，休日3時間以上を目標に学習しましょう。

名前（　　　　　　　　　）

1. 毎日の家庭学習の内容や時間などを見直し，家庭学習の習慣を身に付けよう！
2. 配付テスト範囲表を確認し，テスト範囲の復習を確実に行おう！
3. 範囲表をもとに，テストに向けた学習計画を立て，見通しをもって取り組もう！

実行可能な計画を立てよう！やりながら自分で調整しよう！

	予定	国語	目標学習時間（分）	社会	目標学習時間（分）	数学	目標学習時間（分）	理科	目標学習時間（分）	英語	目標学習時間（分）	計画 合計時間（分）	計画 累計時間（分）※赤で書く	実施後 合計時間（分）	実施後 累計時間（分）※赤で書く	担任チェック
1日(水)																
2日(木)																
3日(金)																
4日(土)																
5日(日)																
6日(月)																
7日(火)																
8日(水)																
9日(木)																
10日(金)																
11日(土)																

計画と実施後の記録の両方を記入できるようにした計画表

事前指導

> ポイント
> 1　過去の問題を十分に生かす
> 2　当日の試験の受け方に慣れさせる

1　過去の問題を十分に生かす

　生徒を必要以上に不安にさせないためにも，中間テストの1か月ほど前から事前指導を始めることをおすすめします。まずは，中間テストとはいったいどういったテストなのかを具体的にイメージさせるために，過去の問題を廊下に掲示すると効果的です。問題を解く際のヒントやポイントをそこに加筆しておくと，勉強を進める際の参考になります。また授業の中で，出題されやすい問題例を取り上げながら，その意図を説明しておくと，勉強に向けた意欲につながるでしょう。

2　当日の試験の受け方に慣れさせる

　全校一斉に時間を決めて実施される定期テストは，受験につながる「試験の受け方」を学ぶ絶好のチャンスです。例えば，右ページの「テストの受け方十か条」のように，高校入試にもつながる厳正なテストの受け方を経験させてはいかがでしょうか。地域の高校入試の実施要項を参考にし，不要な筆記用具を持参しないことや質問があるときはその場で挙手をすることなど，緊張感のあるテスト環境でも実力が発揮できる力を育てましょう。

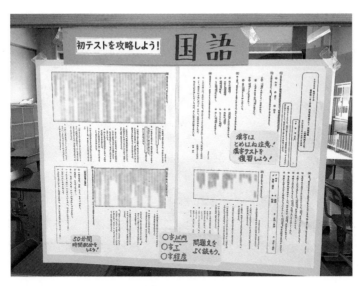

テストの1か月前から掲示した過去のテスト

テストの受け方十か条

1　制服で受ける。（正しい身なりで）
2　テスト隊形で受ける。（出席番号順で6列）
3　机の中には何も入れない。机の横には何もかけない。
4　机の上は，鉛筆（シャープペンシル），消しゴム（カバーは外す），テストで必要な用具（直定規やコンパス等）以外置かない。（シャープペンシルの芯ケースも置かない）
5　チャイム5分前には着席し，はじめのあいさつをする。
　　配付されたテスト用紙は裏向きにして，後ろの席の人に送る。
　　おわりのあいさつをするまで絶対に私語をしない。
6　チャイムでテスト用紙を表向きにし，テストを開始する。テスト開始までは鉛筆を持たず，テスト用紙を表向きにしない。
7　テスト中，私語をしたり，よそ見をしたりしない。
8　質問がある人は，教科担任の先生が見えたとき，黙って手をあげて小声で質問する。
　　消しゴム等が落ちたときは，静かに手をあげ，監督の先生に事情を伝える。
9　終了時間前に終わっても，もう一度見直しをする。記名を確認する。
10　終了のチャイムが鳴ったら，すぐに鉛筆を置く。監督の先生の指示で，静かにテスト用紙を番号順に回収する。回収確認後，おわりのあいさつをする。

テストの受け方十か条

教室トーク
「席替えをするのはなんのため？」

1 話し始める前に

　座席の配置については，①男女ジグザク型（市松模様型），②男女別列順，③男女区別なしの3種類が考えられます。どの配置を選ぶにしても，教師の意図は必要ですが，座席の配置は学年で統一することが望ましいでしょう。1組は男女別，2組は男女区別なしなどとすると，学級間での差異に不満が出てきます。

　教室は個人の空間ではありません。学校生活の中で，生徒に社会的な人間関係を学ばせることが大切です。席替えは，社会的なルールを学ばせるよい機会になります。

　年度当初の座席配置には注意が必要です。ただでさえ入学したばかりの1年生は緊張しています。回収物も多いので，男女混合名簿順で，機械的に席順を割り振ることが多いと思いますが，これが学級のスタートをつまずかせることもあります。男子の中に女子が1人，女子の中に男子が1人のような極端な状況になる場合があるからです。柔軟に対応する必要があります。

2 トークの概要

> ①どうして席替えをするのか（生徒の考えを引き出す）
> ②担任としての思い（生徒の考えも大切にしながら）
> ③席替えの方法は相談する（席替えを目的にしない）

席替えをするのはなんのため?

> 入学して約3週間が経ちました。学校生活には慣れましたか? 今から席替えについて,みんなと確認したいと思います。まず,どうして席替えをするのでしょうか?

質問から入るのは,生徒を集中させるためです。一方的に話すと生徒は飽きてしまいます。「いろいろな人と仲良くなるため」「学級のみんなのことを知るため」などの返答が予想されます。教師から目的や意義を伝えるばかりではなく,生徒から意見を引き出すことも大切です。

> そうですね。先生は,皆さんに学級の多くの人と関わってほしいと願っています。もちろん仲がよい人がいるのはすばらしいことですが,話してみると趣味が合う人,気が合う人が見つかると思います。何よりこの学級は1つの集団です。遠足や体育大会,合唱コンクールなど,学校行事もあります。そのときだけ協力する,団結するのではなく,普段からチームワークよく生活していってほしいのです。そのためにも,できるだけ多くの人と関わってほしいと願っています。

生徒の意見を引き出した後,1年間を見通したうえでの担任の思いを伝えます。席替えに限らず,生徒に見通しを示すことは効果的です。

> 来月の学級会で,席替えの方法を自分たちで決めてほしいと思います。班長たちが相談して決める,くじで決める,先生が決めるなど,いろいろな方法がありますが,自分たちのことは自分たちで決めましょう。

男女混合名簿順だと,同性が近くにいない場合もあるので,早めに席替えをした方がよいです。くじだと時間をかけずに決定することができます。教師がそれぞれの決め方のメリットやデメリットをよく理解しておく必要があります。

席替え

席替えのシステム

1 班長や代表が決める

　班長を選びます。例えば，生活班が８つであれば，男女４名ずつ選びます。班長は立候補と推薦を併用し，学級全員で投票して決定します。

　以下の基準で投票するように生徒に伝えます。

　①まわりを見て，だれに対しても声をかけている。

　②学習・生活態度が他の模範となっている。

　③係や委員会の仕事に責任をもって取り組んでいる。

　④みんなをまとめることができる。

　班長が決定したら，８名の班長で班員や座席を話し合います。班長には以下の基準で話し合うように伝えます。

　①しっかりと学習に取り組めることが最優先。

　②班長の好き嫌いで班員を選ばない（そのようなことがあれば，次回からはすべて教師が決定すると伝えます）。

　③身長や視力の配慮をする。

　年度当初は，教師も話し合いに参加します。基本的に口は出しませんが，上の基準で話し合えているかどうかを見ます。年度後半になると，休み時間を活用して自分たちで決定できるようになります。

　座席決定後に新しい座席を生徒に伝えます。

　「班長たちが学習面・生活面などを考えて決定してくれました。万が一，変更してほしい場合は，本日中に班長または先生に申し出てください」

　だれとでも関係を築く力を育成したい反面，それが難しい生徒もいます。席替えがきっかけで欠席することもあるので，個に応じた配慮は必要です。

2週に1回程度，班長から各班の現状を確認したり，教師が思っていることを伝えたりする機会を設けるとよいでしょう。自分の班のことをしっかり把握するきっかけになり，班長の成長にもつながります。自学級に目が行き届かない時間が長い中学校の担任にとっては，現状把握の助けにもなります。

2 くじ

くじは，中学生でも喜びます。座席図を黒板にかき，男子用・女子用のくじをそれぞれ引いてもらい，黒板にネームプレートを貼らせるだけです。同じ学級のどのような生徒とも関係を築いてほしいですが，関係の悪い生徒が隣同士になったり，トラブルの多い生徒が近くの席になったりする可能性もあります。「席替えメーカー」という席替え専用アプリも有効です。「目の悪い生徒を最前列にする」「トラブルが起こる生徒を離す」など，詳細な条件設定を行うことが可能です。

3 教師が決定する

人間関係や，身長・視力等の配慮事項を基に決定します。教師の意図を反映させやすい反面，生徒の不満が起こりがちです。

4 男女別方式

男子の席と女子の席をあらかじめ決めておき，まず男子だけが教室で席を決めます。次に女子が教室でどの席に座るのか決めます。最後に，教室に全員が入り座席に座ります。

中学生には自分たちのことを自分たちで決められるようになってほしいところです。効率性や公平性も加味し，席替えの方法を選んでいきましょう。

中間テストの振り返りを生かした対策

ポイント
1 努力の可視化でやる気を引き出す
2 仲間からの学びを生かせるようにする

1 努力の可視化でやる気を引き出す

　生徒にとって2回目の定期テストとなる期末テストでは，努力が可視化できる工夫を凝らし，より主体的に学習を積み上げられるようにしてみましょう。例えば，右ページのワーク確認表ならば，チェック欄にあるページの数字上に斜め線を引き，該当ページが1回できたら左上を赤で塗りつぶし，2回できたら右下を塗りつぶします。こうすることで，ワークに取り組んだ努力が可視化されます。

2 仲間からの学びを生かせるようにする

　テスト勉強の取組はあくまで個人で行うものです。しかし，学級の仲間同士，お互いの取組のよさを学び合うことで，自分の取り組み方を見直し，それが結果につながることは多くあります。特に，家庭学習で使用している自主学習ノートの効果的な活用方法（色分けをする，表や図で表す，付箋を活用する，プリントを貼り付ける…など）について，仲間の姿から学んだという具体的なコメントを積極的に学級通信で紹介していくと効果的です。

1学期期末テスト・ワーク確認表

1年　　組　番（　　　　　　　　　　　）

- 範囲表を確認して、テスト範囲の復習を確実に行いましょう。見通しをもって学習を進め、毎日学習しよう！！
- 下は、今回のテストに関わるワークのページ数一覧です。ページ数を参考に、該当のワークを使って復習しよう。できたら、塗りつぶしましょう。2回、3回とやることになっている教科については、塗りつぶし方を工夫して使いましょう。範囲表で確認して、学習を進めましょう。

国語	国語の学習	4	5	6	7	8	9	10	11	12	13
		14	15	16	17	18	19	20	21	22	23
社会	地理の完全学習	2	3	4	5	6	7	8	9	10	11
		12	13								
	歴史の完全学習	2	3	4	5	6	7	8	9	10	11
		12	13	14	15						
数学	数学ワーク	4	5	6	7	8	9	10	11	12	13
		14	15	16	17	18	19	20	21	22	23
		24	25								
理科	理科の学習	2	3	4	5	6	7	8	9	10	11
		12	13	14	15	16	17	18	19	20	21
英語	ニューアプローチ	1	2	3	4	5	6	7	8	9	10
		11	12	13	14	15	16	17	18	19	20
		21	22	23	24						

努力の可視化を大切にしたワーク確認表

【仲間のノートから学んだこと＆振り返り】

- ○○さんの自主ノートは，社会の時代を色分けして，絵で家系図を書くところがよかったです。あと，他の教材を使ったり，先生が言ったことを書いたりするところが参考になりました。（●●さん）
- ○○さんのグラフを貼るやり方が，身につきそうだと思った。□□さんの1ページ全部を漢字で埋めるのはすごい。覚えられそうだし，取り入れたい。（●●さん）
- みんなは授業中に間違えた問題をもう一度自主ノートにやり直していた。歴史人物では名前を書くだけでなく，したこと（活躍したこと）や，作家だったら代表作など，忘れやすいことを図やイラストで工夫して覚えることが参考になった。また，1回やるだけでなく，同じ問題を違う日にやるとよいことがわかった。（●●さん）

中間テストの取組で仲間から学んだことを紹介した学級通信（一部抜粋）

テストに向けた
学級の雰囲気づくり

ポイント
1 家庭学習の手引きを活用する
2 努力の足跡を可視化，共有し，意欲づけする

1 家庭学習の手引きを活用する

　テスト勉強は，計画表に従って進めていることや，学習時間の長さで評価しがちですが，一番大事なことは「何にどう取り組むか」です。そこで期末テストでは，各教科担任が家庭学習の手引きを作成し，それを活用させてはどうでしょうか。教科のプロが独自に作成した家庭学習の手引きの内容や方法を十分に生かし，テスト勉強の中身の充実を図ることが，最終的にテストの結果に反映されることを生徒に実感させたいものです。

2 努力の足跡を可視化，共有し，意欲づけする

　テスト勉強で大事なことは，やはり粘り強さです。平日も含めて毎日テスト勉強を続けるには，強い意志や明確な目的意識が必要であり，意欲を継続・発展させる工夫は欠かせません。例えば，集中してテスト勉強に取り組む土日の翌月曜日には，集めた自主学習ノートやワークが積み上げられた写真を撮影し，「事実はうそをつかない！」という言葉を添えて学級通信や教室に掲示するなど，意欲の後押しをしましょう。

国語の家庭学習について

　国語は予習教科です。予習をして内容をつかんで授業に臨むことで学習内容が定着しやすくなります。また、文法や漢字は反復練習をすることで定着します。また、復習はノートの見直しやワークを活用して学習内容の定着を確かにしましょう。具体的には次のような学習をしましょう。

1　予習

①　音読
　声に出して読みましょう。1文字1文字正確に読むことで内容がつかめます。また、音読すると、読み方の分からない漢字や意味の分からない語句が見つかり、次の学習につながります。

②　漢字の読み方や語句の意味調べ
　ワークを利用して漢字の読みや書き方、意味調べを学習しておきます。ワークに挙げてなくても意味のわからない言葉は辞書を使って調べ、文脈の中で意味をつかんでおきます。

③　文章の種類にあった内容理解
　国語の文章は大きく文学的な文章(小説・随筆・詩歌)と説明的な文章(説明文・論説文・批評文)に分かれます。それぞれの特徴にあった内容理解をしておきましょう。
　　　◆文学的な文章
　　　　・会話、情景、比喩・擬人法・繰り返し・体言止め・倒置法などの技法が使われているところに注目し、登場人物の気持ちの変化を予想しましょう。
　　　◆説明的な文章
　　　　・形式段落の番号をつけ、大きく3つ(序論〈はじめ〉本論〈なか〉結論〈まとめ〉)のまとまりを予想し、段落ごとにキーワードを見つけてつなぎ、要点を予想しましょう。

　＊また、この段階でワーク1回目学習をワークノートにすることも効果的です。1回目はわからないところはあけておき、授業で理解すればよいのです。

2　復習

①　ノート・ワークのまとめ学習
　授業で学習したことを自分なりに再度まとめてみると理[　]てたことと比べながらまとめましょう。ワークを活用し、スポイントづかみをしましょう。その時必ず教科書の文章[　]を学習しましょう。

②　言語事項の反復練習
　漢字を覚えるためには繰り返し書くことが大切です。まち[　]足りない・はねない)場合もあります。友人や家族の人に採[　]味を調べた語句は、その語句を使って作文をするなど、繰り[　]す。文法は、ただ決まりを覚えるだけでは味気なく、なかな[　]付けると、その働きがはっきりします。

　＊復習とはずれますが、読書は言葉の力を磨きます。[　]た、わからない言葉や漢字を学びながらの読書は国語[　]

教科ごとに作成した家庭学習の手引き

事実はうそをつかない！

教室トーク
「結果よりも大切にしたいもの」

1 話し始める前に

　中学校ではじめてもらう通知表。小学校のときと違う点がたくさんあります。多くの中学校では小学校の3段階評価から5段階評価になり，評価の観点が細かくなってきます。また，様々なテストの結果が反映された通知表であるため，自分自身の学びの結果がそのまま反映される形になります。

　ともすると数字にばかり目が行ってしまい，努力の結果がうまく反映されなかった生徒は，自信をなくしてしまうことが考えられます。中学校生活最初の通知表の結果で，その後の中学校生活にマイナスの影響を及ぼさないよう，しっかりとした見方をすることができるようにしなくてはなりません。

　結果にこだわるのではなく，学習過程の振り返りが大切であることを，ここでしっかりと伝えます。

2 トークの概要

①はじめての通知表（渡す前に話すことで興味をもたせる）

②通知表の意味（改めてなんのためにあるかを知らせる）

③結果より大切なのは過程の振り返り（数字に一喜一憂するのではなく，自分の学びを振り返ることの大切さを意識させる）

④各教科のデータや振り返りとあわせて自己を見つめる（数字にない学びの過程を振り返らせる）

結果よりも大切にしたいもの

これから通知表を渡しますが，今はどんな気持ちですか？

昂ぶりを抑えて冷静に話が聞けるように気持ちを表現させます。

どんな数字が並んでいるか気になっている人が多いようですね。さて，この通知表はなんのために渡されるのでしょうか。皆さんをランクづけするものではありません。中学校では評定が５段階になります。「1」「2」の数字が書かれていたらショックを受けるかもしれませんね。この数字はある基準まで到達できていたかどうかを測るものさしです。高い数字の人はそこまで十分に到達できた人で，低かった人はまだ十分でなかった人です。十分でなかった人は，これから自分のペースでその到達点を目指していけばよいのですよ。

他者との比較ではなく，自分自身のペースで今後の学びを進めるための指標であることを印象づけます。

大切なのは，この１学期にどのように学習に取り組んだかという過程を振り返ることです。数字に一喜一憂するのではなく，これからの取り組み方を考えることが重要です。

自分のよさを伸ばし，不十分な点をこれからどのように改善するかという視点で自分を見つめることの大切さについて伝えることが大切です。

この通知表とともに各教科で作成したポートフォリオがありますね。このポートフォリオの振り返りは通知表と同じぐらい大切な資料です。自分のよさをしっかりと味わってみましょう。

学びの過程をメタ認知させるために，各教科のポートフォリオもあわせて見つめさせ，学びを改めて振り返らせます。

通知表

所見文例

●学級のリーダーとして活躍した生徒

> 　進んで学級委員に立候補するとともに，入学当初の学級内の緊張感を和らげるだけでなく，友人の少ない生徒に積極的に声をかけるなど，学級のリーダーとして，率先して学級づくりに貢献することができました。

　学級のリーダーはほめる点がたくさんありますが，特に学級づくりに貢献した点を取り上げることで2学期への意欲を喚起することができます。

●基本的な生活習慣が確立している生徒

> 　学校の先生はもちろん，級友や地域の方にも大きな声であいさつをすることができています。この前向きな生活態度は，身だしなみや身の回りの整理整頓にも表れており，周囲にもよい影響を与えています。

　基本的な生活習慣が確立されている生徒は，まわりにもよい影響を与えています。そうした点も評価して記述することが大切です。

●登校時間を守ることが苦手な生徒

> 　朝の時間にゆとりがあると気持ちのよい1日になります。2学期は，朝の生活リズムを整えることを目標にして，学校生活を送りましょう。

　できないことを責めるのではなく，目標を明確に示すことが大切です。

1学期

●優しく思いやりの心をもった生徒

　入学後，名前も知らない友だちもいる中で，困っている人がいたら率先して手を差し伸べる優しい心をもっています。端末の使い方のわからない人に丁寧な説明と援助をする姿は中学生として立派な姿でした。

　人柄についての記述では，具体的な事実を添えることが大切です。

●学級活動に積極的に取り組んだ生徒

　よりよい学級づくりに関心をもち，学級目標について建設的な意見を述べるなど，話し合いに主体的に参加することができました。

　1学期の学級づくりへの参加度を具体的なエピソードを添えて記述します。

●思考ツールを活用して対話を進めた生徒

　問題解決的な学習において，小集団での対話で思考ツールを活用することで，考えをうまく分類することができるようになりました。

　対話の様子は具体的にイメージできるように表現することが大切です。

●授業中に私語が多い生徒

　授業中，様々なことに興味がもてます。その興味を持続させ，集中して学習課題に取り組むことで大きな達成感を味わうことができます。

　課題となる点を直接記述せず，改善の方向性を示します。

●道徳授業の振り返りをしっかり行えた生徒

　　振り返りの活動の際，じっくりと授業を振り返り，自己の考えを客観
的に見つめることができるようになり，自分自身のこれまでの生活や考
え方を客観的に捉えることができるようになってきました。

所見を通じて自己肯定感を高めるような記述をすることが大切です。

●ペア学習に積極的に取り組めた生徒

　　ペア学習の際，自分の発言を積極的に相手に伝えるだけでなく，相手
の話に相づちやうなずきを入れながら，共感的に聞くことができました。

話すことを中心に記述しますが，共感的な態度にも触れることが大切です。

●友人関係に大きな変化があった生徒

　　入学時のオリエンテーションでは不安も口にしていましたが，学級レ
クを通して望ましい人間関係を築き，助け合う関係が構築できました。

生徒の交友関係の変化を捉え，関係をさらによくするような記述をします。

●目標をもって学ぶことができない生徒

　　自分の目標をもつと，何をすべきかがはっきりと見えるようになって
きます。自分にできそうな小さなことから始めてみましょう。

大きな目標ではなく小さな目標を意識させることが大切です。

●探究的な学習に意欲的に取り組んだ生徒

　　震災をテーマとした探究的な学習を通して，逆境や絶望の中にあっても，自分を見失うことなく生きる希望をもって前に進もうとする思いと周囲の人の支えの価値について，深く考えることができました。

生徒のポートフォリオ等を参考にして成長を見取ることが大切です。

●地道に努力することができる生徒

　　授業中に，板書にない内容もノートにメモするなど，地道に努力を重ね，学期末テストでは自分の立てた目標を見事に達成しました。

普段見逃してしまいそうな情報を教科担任から聞き取ることが大切です。

●ボランティア活動に興味をもって取り組んだ生徒

　　はじめて環境保全活動に参加し，自らも社会の一員であることを自覚するとともに，ボランティア活動の意義を理解することができました。

SDGs に関わる生徒の活動についても記録を残し，評価します。

●自分の考えを表現することが苦手な生徒

　　ワークシートや端末に自分の考えをしっかりと表現することができています。それを見せながら，自分の思いを伝えてみましょう。

無理に発表させず，視覚化されたものから始めることが効果的です。

教室トーク
「何よりも命を大切に」

1 話し始める前に

　1年生にとっては，入学から約3か月半，激動の毎日だったことでしょう。中学校という環境にも，友だちにも慣れてきたころに夏休みを迎える生徒も少なくないはずです。まずは，「入学してからこれまでよくがんばったね」「お疲れ様」とほめてあげましょう。

　1年生に限りませんが，担任として伝えたい3つのメッセージがあります。

　①命を大切に（水の事故や交通事故，事件に巻き込まれることを避ける）

　②長期休みを生かし，普段はできないことに挑戦する

　③規則正しく，計画的に過ごす

　ここは，1人の大人として自身のメッセージを語りたいところです。中学校の夏休みは部活動もあり，小学校とは違って忙しくなることでしょう。しかし，1年生の夏休みは学習の遅れを取り戻す絶好のチャンスです。学習（夏休み課題）にも見通しをもたせる言葉がけをしましょう。

2 トークの概要

①3か月半の振り返り（これまでのがんばりをほめる）

②担任が伝えたい3つのこと（夏休みの過ごし方，気をつけること）

③9月，成長した姿を見たいこと（夏休み明けの登校が楽しみになるような言葉がけ）

何よりも命を大切に

> いよいよ夏休みですね。大変なこともあったと思いますが，入学式からこれまで，全員よくがんばりました。中学校生活で一番印象に残っていることはなんですか？ 隣の人と伝え合ってみましょう。

生徒自身に振り返らせ，交流させましょう。このとき，スライドショーなどで写真を見ながら，全員で思い出を振り返るのもよいかもしれません。

> さて，夏休みを迎えるにあたって，私から皆さんに伝えたいことが3点あります。1つ目は，命を大切にするということです。毎年，川や海の事故が起きたり，交通事故の被害に遭ったりして中学生が亡くなるという痛ましいニュースが必ず出ます。また，SNSなどを介した犯罪被害も増えます。9月，だれ一人欠けることなく，元気な姿でまたこの教室に集まりたいです。本当に気をつけてください。

命を大切にしてほしいということは，特に気持ちを込めて伝えましょう。

> 2つ目は，長期休暇を生かし，普段はできないことに挑戦することです。毎日の家族の手伝いや読書○冊など，目標を決めるとよいですね。
> 3つ目は，規則正しい生活を心がけ，計画的に取り組むことです。1年生の夏休みは，学習の遅れを取り戻すチャンスです。苦手だと感じている教科こそ重点的に復習して，9月からの学習に備えましょう。部活動もあります。時間は限られていますので，計画的に取り組みましょう。

計画表を書く場合は，実現可能な計画・目標にすることを伝えます。

> この夏休みの間，どんなことを特に力を注いだか，9月に聞きます。答えられるように過ごしてくださいね。では，よい夏休みを！

予告をしておくと，緊張感が生まれます。

終業式

学級活動

> ポイント
> 1　3か月半のがんばりをほめる
> 2　休み明けの登校が心配な生徒には個別に声をかける

1　3か月半のがんばりをほめる

　終業式から帰ってきたら，終業式の姿をほめます。「入学当初は姿勢が崩れたこともあったけど，頭を動かさないで話を聞けていたね。中学生らしくなってきたね」など，生徒自身に成長を実感させる言葉かけをしましょう。さらに，入学して3か月半の日々を振り返る時間を取ります。普段はあまり感じなくとも，最初はまったく他人だった仲間とも絆が生まれたことを再確認できたり，できることが増えたことに気づけたりするものです。

2　休み明けの登校が心配な生徒には個別に声をかける

　中には，環境の変化や，時間に追われることが苦手な生徒もいます。彼らにとっては，やっとの思いで夏休みを迎える生徒もいるかもしれません。心配なのは，そういった生徒が9月以降も笑顔で登校できるかという点です。個別に声をかけ，不安に思っていることなどを聞いてみましょう。学年の先生や保護者の方とも相談し，必要があれば夏休み中もたまに登校を促したり，家庭訪問をしたりするなどの手立てを講じてもよいでしょう。担任とのつながりを切らないようにしましょう。

ほめる材料になる写真を日々撮っておきます

学期末の学級通信には，笑顔の写真とほめることを必ず載せます

教室トーク
「自分たちでつくり上げる学期にしよう！」

1 話し始める前に

　長い夏休みが終わり，なんとなく落ち着かない雰囲気で新学期を迎える学級もあるのではないでしょうか。きっと久しぶりに見る生徒たちは体も大きくなり，ひとまわり成長したように見えることでしょう。

　さて，学校が再開し，友だちと会えてテンションが上がっている生徒もいれば，生活リズムが整わず気乗りしない生徒もいることでしょう。いずれにしても，気持ちのよいスタートを切ることが肝心です。2学期は，はじめて経験する大きな行事が控えています。ぜひ，行事を通して「自分たちでつくり上げる」経験をさせたいものです。このような経験は，学級づくりを行ううえでとても重要ですし，その後の学校生活に大きな影響を与えます。クラス全員が活動に参画している意識をもたせるため，一人ひとりに活躍の場（役割）を設けることが重要です。また，"失敗は成功のもと"という考え方も大切です。失敗を恐れず挑戦する気持ちを育んでいきたいものです。

2 トークの概要

> ①2学期の学校・学級行事（行事のイメージと見通しをもたせ，自分が果たすべき役割について考える）
> ②自分たちでつくる学校・学級行事（自らつくることの意義を伝える）
> ③担任が期待する2学期の姿（望ましい姿について考える）

トーク

自分たちでつくり上げる学期にしよう！

> 皆さんは，この夏休みをどのように過ごしましたか？（間）
> 楽しかった夏休みも終わり，今日から2学期のスタートです。さて，皆さんがこの2学期にがんばってみたいことはなんですか？

質問から入るのは，生徒を集中させるためです。また，一人ひとりが自分事として考えられるように「間」を大切にします。

> 皆さんが入学してから，すでに5か月が経ちました。今の様子を見ていると，そのときと比べとても成長したように感じます。それでは，さらに成長するためにできることはなんでしょうか？　2学期には，学級や学校にとって大切な行事がいろいろあります。皆さんのもっている力を発揮する場面や仲間と協力しなければ成しえない場面もたくさん出てきます。

2学期の主な行事について視覚的に見やすいように示すことも大切です。

> ここで大切なことは，皆さん一人ひとりが「自分たちでつくる」という気持ちをもつことです。何事もそうだと思いますが，人から言われたことだけやるというのはおもしろ味がありません。ただし，自分勝手なことをやっていいということでもありません。様々な役割があって，それぞれの責任を果たすことで物事は成功するのです。そして，自分たちでつくり上げたときの達成感は，何事にも代えがたいものです。

1年生にとってははじめての経験であり，なかなか「自分たちでつくる」という意味については理解が難しいので，具体例をあげるとよいでしょう。

> さて，自分ができることはなんでしょうか？　2学期はどんなことに挑戦してみますか？　先生は何事にも前向きに取り組んでほしいと思います。

生徒は教師の期待に応えたいものですが，生徒の個性も尊重しましょう。

始業式

107

学級活動

> ポイント
> 1　時間を大切にする意識をもたせる
> 2　担任としての願いを伝える

1　時間を大切にする意識をもたせる

　「時間を有効に使う」といっても，実際にはなかなか難しいものです。ただ，時間が有限であることは言うまでもありません。そこで，学校生活にもすっかり慣れてきた1年生の2学期に，「タイムマネジメント」について視覚的にわかりやすいシートを活用しながら，考えてもらいましょう。

　生徒たちも日常の中でやらなければならないことが数多くあります。その中で時間を大切にしながら，優先順位を決めたり，スケジューリングできる力は，きっと大人になっても役に立つことでしょう。

2　担任としての願いを伝える

　入学後，緊張の中で怒涛のごとく過ぎ去った1学期。2学期は腰を据えて生徒たちと向き合う時間がより一層大切になります。生徒一人ひとりをかけがえのない存在と理解したうえで，仲間との絆を深めることを念頭に置きながら，担任としての願いを伝えましょう。

　また，生徒たちに伝えるときは，生徒がわかりやすい言葉を選び，なるべく短いフレーズで話すように心がけましょう。

☆家庭学習の記録☆　　　年　　組　　番　名前

1. 今月の学習目標

2. 学習の結果と1日の振り返り

国語…紫　社会…青　数学…緑　理科…黄色　英語…ピンク　その他…オレンジ

日	曜日	行事	一言ツイート
1	金	第77回 学校祭	
2	土		
3	日		
4	月	選挙管理委員会③	
5	火	避難訓練②	
6	水		
7	木		
8	金	選挙管理委員会④	
9	土		
10	日		
11	月	職員会議 生徒会役員立候補者告示	
12	火		
13	水	3年学力テスト(総合A)	

生徒個々の実態に応じてつくるタイムマネジメント表（家庭学習編）

学級通信なども有効に活用し，言葉と文字で伝えることも方法の１つです

教室トーク
「学級目標達成に向けて加速しよう！」

1 話し始める前に

　中学1年の最初の学級組織は，担任が主導して決める場合が多いかもしれません。しかし，2学期の学級組織づくりでは，1学期の活動を振り返り，生徒が主体的に係活動や当番活動などの学級に必要な役割を考え，決めていきたいものです。生徒たちが話し合うことを通して，「自分たちで学級をつくっていく」という意識を高めていきましょう。

　また，学級組織づくりの目的は，学級目標を達成することだということを再確認する必要があります。学級目標を設定したときの「こんな学級にしたい」という思いを振り返ることが，学級を新しい気持ちでリスタートするポイントです。学級目標に加えて，学級目標を決める過程の生徒の思いも掲示してあると効果的です。

2 トークの概要

①学級目標の確認
②学級目標に込められた思いの確認
③1学期の生徒たちのよかったところの振り返り
④当番活動と係活動の定義の確認と自分たちで学級組織を決めることに
　対する価値づけ

学級目標達成に向けて加速しよう！

今日は学級組織を決めていきます。学級組織を決めるうえで一番大切なことがあります。それは，学級目標です。学級目標はなんでしたか？

学級目標の達成が学級組織づくりの目的だということを最初にはっきりと伝えます。

4月にみんなで話し合って決めた学級目標「○○」には，どんな思いを込めたか覚えていますか？

4人程度のグループで相談させ，多くの生徒に発表させることで，学級はみんなでつくっていくものだという意識を高めていきます。

そうですね。4月から皆さんが協力して取り組んできたことで，学級目標「○○」の姿に近づいてきました。私は，授業中の話を聞く態度や清掃活動の取組はよくできていたと思いますが，皆さんはどう思いますか？

教師の口から生徒ががんばってきたことを認めましょう。生徒たちは担任の言葉から，「本当にできていたかな」「先生はそのように見ていたんだ」などと自分たちの生活を振り返ることができます。「できていなかったことを改める」という姿勢も大切ですが，「定着させる」「より伸ばす」という前向きな目標設定ができるとよいでしょう。

今から学級組織を見直す時間です。さらによい学級にするために，日々の学級や学校での生活で必要な当番活動，学級をよりよくするために必要な係活動をあげていきましょう。

学級組織には，日直や清掃などの当番活動と，自主的に行う係活動があります。生徒たちにとって「やらされる活動」から「自ら行う活動」に変えるために，自分たちで決めるという過程が重要です。

学級活動

> ポイント
> 1　リーダーとフォロワーに求める姿を伝える
> 2　オリジナル任命状で学級への所属感を高める

1　リーダーとフォロワーに求める姿を伝える

「自分の学級をよりよくしたいと思っている人に，リーダーをやってほしい」と伝えます。

学級をよりよくしたいと思っていて，それを表現できるということがリーダーの資質です。そして，リーダーがその思いを継続し，実現するためには，フォロワーの力が必要です。

まずは，リーダーに立候補した生徒たちに称賛の拍手を送ることがフォロワー育成のスタートです。

2　オリジナル任命状で学級への所属感を高める

学級役員などのリーダーには任命状を渡す学校も多いと思いますが，係や当番には任命状は渡さないのが一般的です。

そこで例えば，国語係のリーダー，教室掃除のリーダーなど，様々なリーダーを設定して任命状を渡すことにします。または，係活動に限定して，全員に任命状を渡すことで，学級への所属感や，学級に貢献しようとする意欲を高めることができます。

学級の全員の前で決意表明をする立候補者

任 命 状

１年○組
○○○○様

あなたを国語係リーダー
に任命します。

令和５年１０月２日
○○中学校
担任　○○　○○

学級オリジナル任命状

準備・練習

> ポイント
> 1 中学校の体育祭のイメージを伝える
> 2 どのような体育祭にしたいかを出し合わせる

1 中学校の体育祭のイメージを伝える

　1年生は，中学校の体育祭がはじめてなので，まずはそのイメージをもってもらいます。「中学校の体育祭と聞いて思いつくものは何かな？」と投げかけ，生徒がもっているイメージを把握します。そのうえで，過去の体育祭の準備や本番の様子をまとめた動画を流します。一人ひとりが具体的なイメージをもつことで，どのような体育祭にしたいかということを考えることができます。

2 どのような体育祭にしたいかを出し合わせる

　中学校の体育祭は，3年生のリーダーシップのもとに，生徒たちでつくり上げていくものであることを教えます。そのうえで，中学1年生として，どのような体育祭にしたいかを考えさせます。この活動が，体育祭をつくり上げていく一員であるということへの自覚を高めます。ここで話し合った内容や，各生徒の「こういう体育祭にしたい」という思いを掲示物にして，体育祭の期間中教室に掲示しておくとより効果的です。

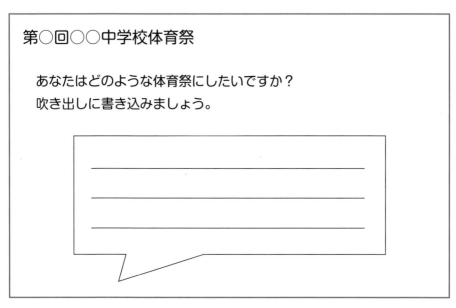

第○回○○中学校体育祭

あなたはどのような体育祭にしたいですか？
吹き出しに書き込みましょう。

一人ひとりが思いを書く吹き出しカード

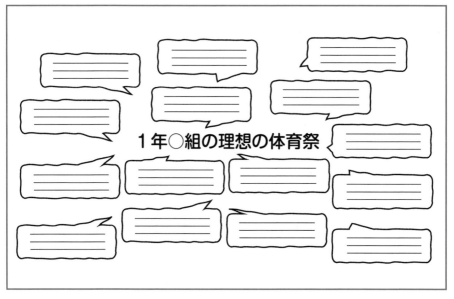

１年○組の理想の体育祭

一人ひとりの思いを集めて掲示物にするのもおすすめです

教室トーク
「体育祭の目的とは？」

1 話し始める前に

　中学校に入学してはじめての体育祭です。中学校の体育祭は，小学校と比べて，生徒たちがより主体的につくり上げることが求められます。上級生の指示に従う受け身の姿勢ではなく，1年生として自分たちにできることを積極的に行うことの重要性を伝えましょう。

　そのためには，「なんのために体育祭があるのか」「この体育祭はどうなることで成功と言えるのか」を確認しましょう。体育祭の成功ビジョンの共有です。また，自分がいつ何をすべきかを理解しておくことは，主体的に行動するうえで大切です。体育祭の流れを確認し，頭の中で一度リハーサルをするとよいでしょう。こうして現実的に捉える中で，思いが高まっていきます。もし時間があれば，一人ひとりの思いを全体で共有できるとさらによいでしょう。

2 トークの概要

①体育祭の目的の再確認
②体育祭の目的に合った姿の具体化
③体育祭当日のメンタルリハーサル
④体育祭に向けた一人ひとりの思いをまとめる時間の確保

体育祭の目的とは？

> 体育祭の目的を覚えていますか？

　これまでに何度も上級生が伝えていたことを再確認することで，生徒の主体性のもとにつくられている体育祭であることを確認します。

> そうですね。全校生徒が活躍できる体育祭をつくるというのが目的ですね。「全校生徒が活躍できる」というのは，これまでの準備，今日の体育祭の運営，応援，競技など，様々な場面で一人ひとりが輝けることを意味しています。○○さんが１年生の応援リーダーとして上級生との連絡調整をしてくれていました。また○○さんはスローガンの掲示物の作成をしてくれました。

　体育祭の目的に適した姿をわかりやすく示すことで，生徒がイメージしやすくします。そして，その１つを取り上げることで，より解像度を高めることができます。これまでの準備の中で活躍した生徒の姿を紹介することで，生徒の自己存在感を高めることにつながります。

> さて，今日は体育祭当日です。今日の流れを確認しましょう。そして，どのような体育祭にしたいか，そのために自分はどういう行動をするのかを頭の中でリハーサルしてみてください。

　実際に１日の流れをイメージすることで，自分がいつどこで何をするべきかがはっきりとして，当事者意識を高めることができます。また，曖昧な部分がわかるので，生徒が自ら質問ができるようになります。この質問をするという行為が，主体性につながっていきます。

> あなたはどのような体育祭にしたいですか。皆さん一人ひとりが活躍して輝ける体育祭になることを願っています。

　一人ひとりの思いを高める時間をもつことでモチベーションにつなげます。

体育祭

振り返り・事後指導

> **ポイント**
> 1　体育祭で印象に残ったことを出し合わせる
> 2　先輩への感謝のメッセージを書かせる

1　体育祭で印象に残ったことを出し合わせる

　中学校でのはじめての体育祭を終えて，印象に残ったことをグループで出し合います。この際，ICT 端末（アプリ）上で意見を共有するとわかりやすいです。なぜそれが印象に残ったのかについても説明をするように伝えます。グループの代表に，グループで出た意見を発表してもらい，クラス全体で共有します。こうすることで，自分1人では気づけなかった視点で，体育祭を振り返ることができます。そして，最初に書いた自分が理想とする体育祭になったかどうかを聞きます。

2　先輩への感謝のメッセージを書かせる

　体育祭では，1年生ががんばったことも讃えますが，3年生がリーダーとして様々な場面で引っ張ってくれたこと，2年生がフォロワーとして支えてくれたことにも気づかせたいところです。その先輩たちへ感謝のメッセージを書くことで，先輩との関係性に対する思いを高め，学校の伝統を受け継ぐ一員としての自覚を高めることにつなげられるとよいでしょう。

体育祭で印象に残ったこと　1班

綱引きで1
位になった
こと

みんなで大きな
声で応援をして
盛り上がったこ
と

先輩と仲良
くなれたこ
と

団員みんな
でがんばっ
たダンス！

リレーで全
校生徒が盛
り上がった
こと

体育祭での印象に残ったことの共有

3年生の皆さん，ありがとうございました！

1年○組より

感謝のメッセージを集めて上級生に贈るのもおすすめです

教室トーク
「一人ひとりが生徒会の一員」

1 話し始める前に

　1年生は，はじめての生徒会役員選挙なので，選挙の流れや生徒会組織について丁寧に説明しておく必要があります。選挙管理委員会の設置，立候補受付，選挙活動，立会演説会，投開票，発表という一般的な流れを黒板にわかりやすく示すなどして，丁寧に教えていきましょう。その際，小学校の児童会と比較し，中学校では，生徒一人ひとりが生徒会の一員であり，生徒会役員はその代表として活動していることを説明します。そのため，投じる1票の重みを生徒に感じさせることが担任の重要な役割です。

　立候補者の選挙活動の様子や公約をよく見たり，読んだりするなどして，学校をよりよくしていく代表者として応援したい人がだれなのかを真剣に考え決めていくことが重要であることを伝えましょう。その際，自分が生徒会役員だとしたら，学校をどう改善していきたいかという視点をもつとよいことをあわせて伝えられるとよいでしょう。

2 トークの概要

①児童会と生徒会の違い（生徒会の組織について理解させる）
②生徒会の意義（一人ひとりが生徒会の一員であることを自覚させる）
③生徒会役員選挙の流れ（選挙管理委員会の設置，立候補，選挙活動，立会演説会，投開票，発表という流れを伝える）

一人ひとりが生徒会の一員

> 小学校のときに「児童会」がありましたよね。児童会は，どのような人によって構成されていましたか？

小学校の児童会が，会長や副会長，書記などの限られた人によって構成されていたことを思い起こさせます。

> 中学校でも，小学校の児童会のように「生徒会」というものがあります。しかし，中学校の生徒会は，小学校と違い，限られた人たちだけでなく，全生徒によって構成されています。生徒会役員は，その生徒会の代表の人たちのことをいいます。

小学校と中学校の違いを伝え，一人ひとりが生徒会の一員であることを伝え，生徒会がどのような組織であるのかをイメージさせます。

> つまり，生徒会役員選挙は，皆さんの代表を決める大切な選挙です。皆さんは，この学校をどんな学校にしていきたいですか？　投票の際は，立候補者がどのような考えをもっているのかをしっかりと知ることが大切です。皆さんの1票が学校を変えていく力になっていくのです。

生徒会役員選挙の意義を伝え，一人ひとりが学校をよりよくしていくという視点をもち，選挙に臨んでいくことが大切であるという気持ちを高めていきます。

> それでは，まず，生徒会役員選挙の流れを説明していきます。

選挙管理委員会設置，立候補，選挙活動，立会演説会，投開票，発表という流れを説明し，その中で，立候補者の名前や公約をしっかりと確認していくことが大切であることを伝えましょう。

学級活動

> ポイント
> 1　生徒会とは何かをイメージさせる
> 2　生徒会役員選挙の意義を理解させる

1　生徒会とは何かをイメージさせる

　1年生では，はじめての生徒会役員選挙を迎えるにあたり，まず，生徒会とはどのような組織なのかをイメージさせる必要があります。それは，「生徒会役員（執行部）＝生徒会」ではなく，「生徒会＝全生徒による組織」であるということです。「生徒会は選挙で選ばれた人で組織された雲の上の存在で，自分とは関係ない」と思っている1年生が多い場合があります。そのため，黒板に図をかくなどして，生徒会役員（執行部）はあくまで生徒の代表として活動しているということや，一人ひとりが生徒会の会員で，学校をよりよくしていくための大切な存在であることを丁寧に説明します。

2　生徒会役員選挙の意義を理解させる

　生徒会役員選挙は，生徒会の代表者を決める大切なものです。生徒には，1票の重みを自覚させることがとても重要です。特に1年生は，立候補者を表面的なことで判断する場合があります。自分なら学校をどう改善したいかという視点をもたせながら，一人ひとりが生徒会の一員で，その1票が学校を変えていく力になることをしっかりと伝えましょう。

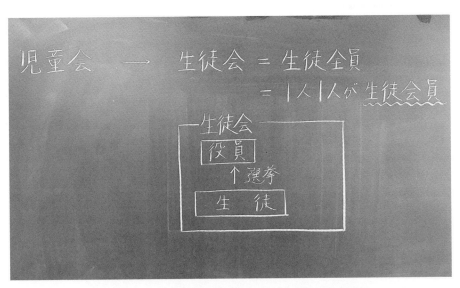

児童会 → 生徒会 ＝ 生徒全員
　　　　　　　　＝ 1人1人が生徒会員

生徒会
役員
↑ 選挙
生　　徒

生徒会がどのような組織なのかをわかりやすく図示します

生徒会役員選挙

自分たちの代表を決める大切な場
中心となって学校をより良くする

① 立候補者の顔と名前、公約を知る
　→「誰が」「どのようなこと」をしようとしているのか

② 自分で判断する
　→ 応援したいと思える人は誰かを自分で決める。

どのような意識で選挙に臨めばよいのかを確認します

学級集団形成

> ポイント
> 1 4月からの学級集団形成をきちんと行う
> 2 取組のイメージを高めておく

1 4月からの学級集団形成をきちんと行う

　合唱はパートでみると10人前後の集団での協力が必要な行事です。そのため，集団形成が未成熟な１年生は，合唱の取組が始まるまでに学級集団をどのように高めてきたのかが非常に重要です。「みんなで決めたルールが守れる」「生徒同士の関係が建設的で，少なくとも４～５人のグループでメンバーが入れ替わっても協力・協働ができる」「リーダーとフォロワーそれぞれが役割を遂行し連携できる」。もしもこのような状態になっていない場合は，右ページの表にあるような手立てを，❶～❸の順に打ち，合唱の取組が行える集団に高めて準備しておく必要があります。

2 取組のイメージを高めておく

　中学１年生にとって合唱コンクールという行事ははじめての経験となります。したがって，取組のイメージを高めておくために，前年度の中からモデルにしたい学級の本番当日の合唱動画や，練習・取組の様子がわかる写真等を共有する時間をつくります。また，合唱前に行われる運動会等の行事のときから目的・目標，ルール決めなどの経験を積ませておくことも大切です。

時期	やるべきこと
4月	**❶ 学級目標とルールの設定** ・「3月の解散時にどんな学級になっていたいか」を学級全員にアンケートして，分類・整理しながら全員の同意のもとに学級目標を設定する。1年生は1年間の行事予定表を見せながら行うとイメージさせやすい。また，学級目標達成のためのルール設定も同時に行う。以降，授業や学校生活，行事等を学級目標やルールと結びつけさせていき，定期的に達成度を確認していく。 **リレーションの形成Ⅰ** ・授業の冒頭やペア活動の前に緊張緩和のためのアイスブレイクを入れてから活動させる等して，徐々にリレーション形成を図っていく。学活や授業のすきま時間を活用して短いレクを複数回入れる。 ・対人関係の基本となる「時間を守ること」「あいさつの仕方」「話の聴き方」等を指導する。 ・問題傾向のある生徒と積極的に関わる。 **リーダー育成Ⅰ** ・学級で中心となるメンバーに，リーダー・サブリーダーの仕事を教え，活動させる。話し合い活動の司会をはじめ，まずは教師が見本となってモデルを示す。はじめの段階では丁寧に関わり，リーダーとして成功体験を積ませる。また，それを見たフォロワーにも「リーダーをやってみたい」と思わせる。
5～9月	**❷ 学級目標に対する意識の向上とルールの定着** ・学級目標やルールに沿った行動を色々な手段を使ってほめ，強化し，学級全体に広げていく。（例）学級通信，ホワイトボードと付箋紙を活用したよいところ探し，帰りの会で「今日のMVP」発表等 ・ルール違反に対しては，自分自身の行動についてどう考えているのかを言わせることで責任感の形成を図ったり，責任の取り方（事後の行動）を教えることで，ルール違反を減らしていく。 **リレーションの形成Ⅱ** ・4月の形成Ⅰも継続しながら，意図的な席替えも活用して，さらなるリレーション形成を図る。 ・集団生活を送るうえでのマナーや，対人関係のつくり方等を指導する。 ・学級目標やルールに沿った行動をほめることで，生徒同士の認め合いにもつなげ，リレーション形成をさらに進める。 ・グループ活動の機会を徐々に増やしていく。その際，各自の役割（司会，発表，記録係，配り係）を遂行させる中で，お互いの貢献度についての認め合いの場を設ける。また，役割をローテーションすることで新たな視点が得られたり，各役割の苦労を理解させることで，リレーション形成を促す。 ・ペアやグループにおいて，感情や価値観の交流→思考の交流とレベルを上げながら，多様に活動をさせる中で，話し手で①内面を語るという経験，②それが相手に受け入れられるという経験をさせる。 ・問題傾向のある生徒には，授業で活躍させる，イベントで役割を与えて活躍させる等して，教師との信頼関係づくりや，生徒同士のリレーション形成を図る。 **リーダー育成Ⅱ** ・4月の育成Ⅰにかかわるメンバーを軸に徐々に自分たちで小さなイベントを企画・運営させる。係活動（会社活動）やお楽しみ会の企画・運営も含む。その際，チャレンジしたことはほめ，失敗に対しては原因を一緒に考えるなど支援する。 **❸ 学級目標及びルールの内在化** ・行事など集団の活動サイズやレベルが上がる際は，学級のメンバー全員が活動に参加できるように，活動の意義を理解させ，学級目標やルールの内在化を進める。 具体的には，体育祭等の行事やその他学級で取り組む活動については，学級目標をベースに目的や目標，達成のためのルール設定をする。また，それぞれの役割が目標達成にどのように貢献しているか話したり相互評価をさせる。 **リレーションの形成Ⅲ** ・生徒同士の交流を活発化させるために，グループ活動の際に班員替えをする，日替わりで座席の位置を1つずらす，などの工夫をする。 ・形成Ⅱまで進めてきても，ペアやグループのメンバーが変わると活動が停滞する場合もあるので，再度，緊張緩和のアイスブレイクやゲーム，交流のためのエクササイズ等を積極的に行う。 ・生徒同士による「よいところ探し」等，認め合いの活動を使ってさらにリレーション形成を図る。 ・教師の方からは，集団としての行為をほめたり，個人に対しても他人のために努力していることや，自主的に行動していることをほめる等，ほめる対象や内容についてレベルを上げる。 ・これから起こりそうな人間関係のトラブル等を予防するために，対人関係の維持の仕方に関するSSTを入れたり，過去にあった悪い例を用いて「この学級ではそういうことは起こしたくないよね」など予防的な話をする。 ・学活や授業のすきま時間にグループ協働型ゲームを行い，リレーションを高めつつ，協働に対する意識向上を図る。また，学級の問題についての話し合いや合意形成を図る活動も行う。 ・自己表現をさせる機会を増やし，成功体験・心地よい体験をさせる。 （例）授業の発表で活躍させる，音読する，1分間スピーチをする等 **リーダー育成Ⅲ** ・いろいろな生徒にリーダーを経験させる。例えば，小さなイベントをしかけて企画運営を任せたり，グループ活動の司会者や発表者を役割ローテーションによって多く経験させる。これにより，リーダーとしての力を高めるだけでなく，リーダーを経験してリーダーの大変さを学んだ生徒がよいフォロワーになる。 ・活動が増えてくるとリーダーとフォロワーの間でトラブルが起きるので，教師側でフォロワーに対してリーダーのフォローを入れておく。 ・サブリーダーへの仕事の再確認等を通してサブのメンバーをさらに強化する。

合唱コンクール

学級集団形成の手立てをまとめた表。❶→❷→❸の順に計画的に集団形成を行います

準備・練習

> ポイント
> 1 目的を明確化させる
> 2 認め合いと問題発見・解決の場を設定する

1 目的を明確化させる

　行事の目的は「行事を通して日常生活の質を向上させること」です。そのことを事前に明確に示し，「合唱コンクールの取組を通してどんな学級になっていたいか」について話し合わせます。「金賞を獲る」といった目標だけでなく，目的達成のための行動目標やルールを設定して取り組ませ，取組の途中やコンクール後にはこの目的の達成度について確認させます。なりたい学級像についての話し合いの手段は様々ありますが，1年生の段階では，アンケートによって全員の意見を集約，分類し，3つ程度のキーワードにまとめるとよいでしょう。必要なら司会役の生徒へのサポートも行います。

2 認め合いと問題発見・解決の場を設定する

　毎日の練習終了後にパートごとに集まって，お互いのよいところや練習の取り組み方について話し合う時間をもちます。1年生は小学生のような幼い部分もあるため，この話し合いを活用して楽しい雰囲気からモチベーション向上を図ります。取り組み方の部分では問題点が多く出されますが，生徒の活動を見守り，教師の説教で雰囲気を下げないようにしましょう。

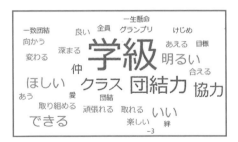

Google フォームで集約した意見（左）をテキストマイニングしたもの（右）

パートミーティングの様子

【パートミーティング】

① 話し合いのルールを確認する

② 隣に座ったペアでお互いのよかった点を言い合う（「じゃんけんに勝った人から先に言う」等アイスブレイク的な要素も入れるとよい）

③ ②をパート全体に発表する

④ 取り組み方の問題点を考え，発表する

⑤ ④に対する解決策を出し合う（ホワイトボードにまとめる）

⑥ ⑤を基に，次回の目標を決める（ホワイトボードにまとめる）

パートミーティングの活動例。全員で決めた目的と関連させることも大切です

教室トーク
「なんのために歌うのだろう？」

1 話し始める前に

　合唱コンクールは，中学校の行事の中でも一番盛り上がるものの１つかもしれません。しかし，その盛り上がりの中で，ただ他学級への対抗意識ばかりが高まり，「金賞」「グランプリ」といった言葉ばかりが一人歩きしがちです。それでは，結果が出ても一瞬の感動や充実感が味わえるだけ，１週間後には合唱コンクール前の日常と変わらない，むしろ目に見える目標が消えた分だけ，気の抜けた学校生活になってしまいがちです。そうならないためには，自分たちの学級が「なんのために」合唱の練習に取り組み，「何を目指してきたのか」を，本番直前に全員で確認することが大切です。行事そのものだけでなく，行事後の生活の充実も実現させるために行うトークです。

2 トークの概要

①目的・目標の確認（原点の確認）
②体験の想起と語り合い（体験の共有を想起し語り合うことで一体感を引き出す）
③教師の思いを再度伝える（原点の再確認を教師の言葉で）
④全員が思いを発表する（全員が発言し，みんなでそれを聞き合い，共有することで，一人ひとりに思いを実現する当事者としての意識をもたせる）

なんのために歌うのだろう？

> いよいよ合唱コンクール本番です。今日までの２週間，君たちは何を目指して取り組んできましたか？

目的・目標の確認を行います。

> そうですね。「全員成長」，これが私たちのクラスの目指してきたことです。この目的に向けて，この２週間どんなドラマやハプニングがあり，どうやってそれを乗り越えてきたのか，またはまだ乗り越えきれていないのか。思い起こして近くの人と語り合ってみてください。

体験の想起と語り合いで，より大きな連帯感や一体感を引き出します。

> いろいろなことがあったね。そして今日が本番です。この本番で，金賞やグランプリが獲れたらよいわけではありません。取組を通して一人ひとりが，そして学級が成長できたなら，それが一番喜ばしいことです。もし金賞やグランプリを獲ったとしても，みんながここまでの成長を今後の生活に生かしきれなかったとしたら，それは残念です。最後まで，この先に続く成長までを意識して，今日の合唱に取り組んでください。期待しています。

なんのために取り組んできたのか，教師の言葉で目的の再確認を行います。

> さて，先生の思いは伝えました。皆さんはどう考えているのか，一人ひとりの思いを共有したいと思います。長くても短くてもよいので，全員で，全員の思いを共有しましょう。１人ずつ立って，どんな本番にしたいか，そのために何をするのか，みんなに伝えていきましょう。発表できそうな人から，１人ずつ立って話していってください。

「こんな合唱にしたい」という思いを全員に発表してもらいます。全員発言することで，当事者意識が高まり，合唱に向かう気持ちが１つになります。

合唱コンクール

振り返り・事後指導

ポイント
1 目的に対しての価値づけをする
2 成長したことを日常生活につなげさせる

1 目的に対しての価値づけをする

　目的・目標の達成に向けて一生懸命に取り組んできても，金賞やグランプリという目標には届かない場合があります。しかし，教師が生徒と一緒に落ち込んでいては，生徒は合唱コンクールの取組に価値を見いだせないまま終わってしまいます。そこで，本番当日も含めた取組の過程を振り返って，「目的に対して学級や個人がどれだけ成長したのか」を，具体的なエピソードも交えて語り，価値づけることで，合唱を通して得たものを学級と個人の成長につなげることができます。1年生の場合は，「銀賞」「銅賞」に対する見方を転換させ，目的に沿った意味づけをする語りも有効です。

2 成長したことを日常生活につなげさせる

　行事の目的は「行事を通して日常生活の質を向上させること」です。合唱の取組を振り返って今後の日常生活につなげさせましょう。振り返りのポイントは，「目的達成のためにがんばってきたこと」を基に「個人・学級が成長したこと」をできるだけたくさん書かせて全体で共有し，その成長を「これからの学校生活にどのように生かしていきたいか」を考えることです。

【銀賞の場合】
　銀賞の「銀」という字を書いてみてください。
　どうですか？　「金」よりも「良」いと書いて「銀」です。
　（「『良』いではない，一画足りない」という生徒がいるので，それを受けて）
　そうです。よく気づいてくれました。銀はあと１つ，あともう一歩，工夫と努力を加えたら「金よりよくなる」，そういった意味があるんです。あと一歩の工夫ができたらもっとずっとよくなっていく。その可能性を表しているのが「銀」賞です。今の私たちにぴったりの賞ではないでしょうか。
　ここがゴールではありません。次のゴールでより大きな金賞を獲るために，明日から何ができるか，一緒に考えていきましょう。

【銅賞の場合】
　私たち○組の合唱，結果は銅賞でした。（銅賞の「銅」の字を黒板に書く）
　満足ですか？　（みんなをゆっくり見渡す）
　私はすごく満足しています。それは「金賞」という「目標」以上に，「合唱の取組を通して日常生活の質を上げていく」という「目的」に向かって皆さんが努力してきたことを見てきたからです。この先も日常生活の質を上げていくことを目指して君たちががんばっていくとわかっているからです。
　金賞は獲れませんでしたが，この銅という字がみんなのがんばりをよく表現していると先生は思うのです。「金」と「同」じ価値がある。それが銅です。今日までみんなの努力を一番間近で見てきた先生は自信をもって言えます。この銅は，金と同じ価値があります。

銀賞，銅賞の場合の語りの例

振り返り用ワークシートの例。活動後は学級通信等を使って全体に共有します

教室トーク
「よい手立てを一緒に考えよう！」

1 話し始める前に

　個人面談は，一人ひとりの生徒の学校や家庭での様子を詳しく知る大切な時間です。中学校においては，定期的に行われるものの他に「生徒指導」として適宜行われるものがあり，「教育相談」とも呼ばれます。生徒それぞれの発達に即して，好ましい人間関係を築くためのアドバイスをしたり，よりよい学校生活，自己理解を深めるためのサポートをしたりすることも重要です。教師にとっても生徒にとっても非常に大切な時間です。

　事前にいつ面談が行われるのかを周知し，「個人面談アンケート」などを用いて中学校生活に対する満足度や悩みをしっかり書いてもらい，それに対して話をするという趣旨をきちんと話しておきましょう。「この先生になら話したい」と日頃から思ってもらえるような関わり方をすること，また，この面談を機会にそう思ってもらえるように生徒の話に真摯に，誠実に向き合うことが重要です。日々の授業も大事ですが，面談は1対1で話し合うことになるので，ある意味，授業よりも難しいと言えるでしょう。

2 トークの概要

①個人面談について（面談の時期や方法などの確認をする）
②学習面と生活面について（自分事として考えさせ，関心をもたせる）
③事前アンケートについて（説明しながら誠実さをアピールする）

よい手立てを一緒に考えよう！

> まもなく「個人面談」が行われます。この面談では，学習のことや学校生活での悩みなどについて気軽に話し合うことを目的として行われます。

個人面談の事前告知をするとともに，そのねらいを知らせます。

> 面談では，主に学習面と生活面のことをお話しします。学習面で悩んでいること，うまくいっていることはありますか。生活面では，どうでしょうか。友だちとは仲良くできていますか。中学校に入って難しくなってしまったことはないですか。部活動に入っている人は，楽しく活動できていますか。ここで少し時間を取りますので考えてみましょう。

学習面と生活面，部活動についての問いを投げかけることで，日頃の活動を想起し，面談に対する関心を高めます。また，「こんなことを先生と話してみようかな」と面談をイメージさせます。

> では，これから事前アンケートを配りますので，先ほど考えたことを書いてみましょう。書いてくれた内容は，面談の日までにしっかり先生の方で読ませていただいて，解決に向けてどんな手立てがあるのかを考えておきます。よりよい学校生活を送るための方法を一緒に考えましょうね。

どんなことを用紙に書くのか示すとともに，今回の面談をとても大切にしているということを伝えます。「悩みは1人で抱えず一緒に解決しよう」「先生は仲間なんだ」と思ってもらえると以後の学級運営も楽になります。真摯であることと誠実であることを伝えられる絶好の機会になります。

> では，○日から面談を行います。面談の予定を組み終わったら掲示しておきますので，都合の悪い日があったらすぐに教えてくださいね。皆さんと話すのを楽しみにしています。どうぞよろしくお願いします。

個人面談

個人面談

> **ポイント**
> 1 中学校生活における悩みや不安を共有する
> 2 今後の学習と生活の見通しをもたせる

1 中学校生活における悩みや不安を共有する

　1年生の面談では，小学生のころとの違いで戸惑っていることがないかなど「中学校生活になじむことができているか」を話します。また，今一番不安なことや，うまくやれていないことを聞き，どうやったら解決できるかを一緒に考えていきます。押しつけるのではなく「一緒に解決策を考える」というスタンスでいることが重要です。カウンセリングマインドの考え方やコーチングの考え方を意識して面談できると生徒からの信頼もアップします。

2 今後の学習と生活の見通しをもたせる

　中学校入学後の取組を振り返らせ，生徒の言葉で語ってもらうことが重要です。「この子はこんな感じだからこうした方がいい」という教師の見立てに間違いはないのかもしれませんが，あくまでも生徒の声に耳を傾け，受け止めたうえで，どうやったら今よりも充実した中学校生活になるかを自分の言葉で語らせましょう。スムーズにいかないときには，生徒の日頃の様子を客観的に伝え，成果や課題を見つける手立てを示しましょう。卒業するころにはどんな自分になっていたいかをイメージさせ，見通しをもたせましょう。

個人面談アンケート　　　年　組　番 氏名

4月からの学校生活も折り返し地点を過ぎました。体育祭や学校祭などの大きな行事も終え、3年生は進路に向けて、2年生は生徒会や部活動で中心的な存在として、1年生は先輩になる準備期間として、残りの半年を有意義に過ごしてほしいものです。学校生活をさらに充実させていく上で、大切なものは何と言っても人間関係です。このアンケート結果を参考に、みんなで話し合う機会を持つことで、これからの学校生活がより有意義なものになればと考えています。率直に記入してください。

以下の項目について A～D でお答え下さい。
※　A：あてはまる　B：ややあてはまる　C：ほぼあてはまらない　D：あてはまらない

Ⅰ、自分について

① 思ったことを素直に人に話すことができない。
② 短気ですぐにカッとなりやすい性格で困っている。
③ 不満をもっていても、正直にはなすことができず困っている。
④ 悪い誘いを断りきれない。
⑤ 家族や友達、先生など、人を信じることができない。
⑥ 真剣に熱中すること（もの）がない。
⑦ 家族や友達に、いわがままな態度をとってしまう。
⑧ 何をするにもやる気がない。
⑨ 友達などについ暴力をふるってしまう。
⑩ 友達の様子や周りのことはぜんぜん気にしない。
⑪ 学校に行く時に不安になる。

Ⅱ、家庭について

① 親と意見が合わず、困ることがある。
② 家にいても楽しくない。
③ 休日に家にいても楽しくない。
④ 親が厳しすぎる。
⑤ 家族の仲が悪く、争い事が多い。
⑥ 家出をしたいと思うことがある。
⑦ 親が自分に期待しすぎる。
⑧ 親子で話をするときがない。
⑨ 親を尊敬できない。
⑩ カッとなると親にでも暴力をふるう。

Ⅲ、友達について

① 何でも相談できるような、心の通じた友達がいない。
② 友達が、自分の性格を誤解していると思うことがある。
③ 自分は友達に裏切られる。※最近の事例があれば記入して下さい。
→
④ きまった友達からいじめられる。
⑤ 友達と一緒にいてトラブルに発展することが多い。
⑥ 異性とうまく関わることができない。
⑦ 自分がいないときの友達同士の会話の内容が気になる。

Ⅳ、学校生活について

① 最近いやがらせを受けて困っていたことがある。
② 最近いやがらせを受けている人を見たことがある。
③ 自分は今、いやがらせを受けて困っている。
④ 自分は人に嫌がらせをするのが好きだ。※ちょっかいを含む。
⑤ 自分はいやがらせを受けないが、
　　受けている人を助けることも、やめさせることもできない。
⑥ 自分さえいやがらせを受けていなければ、あとはどうでもいい。

Ⅴ、進路について

① 自分の将来の進路が心配である。
② 自分がどこの高校に入れるかわからない。
③ 自分が希望する進路（進学）と
　　親の進める進路（進学）とが食い違っている。
④ 就職するとき、自分にどんな仕事が向いているのかわからない。
⑤ 今現在興味のある職業を書いて下さい。
→

Ⅵ、その他

① 上記以外で、悩んでいることがありましたら記述してください。

アンケートへのご協力ありがとうございました。面談もよろしくお願いします。

様々な観点から自己を見つめ直せるようアンケートをつくります

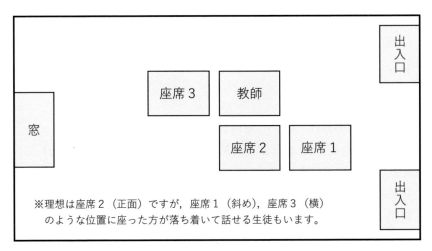

※理想は座席2（正面）ですが，座席1（斜め），座席3（横）のような位置に座った方が落ち着いて話せる生徒もいます。

外や廊下の様子が見えない位置に座らせ落ち着いて話せる環境をつくります

教室トーク
「所見は先生からの愛情のメッセージ」

1 話し始める前に

　中学校での生活に慣れ，体育祭や合唱コンクール，文化祭などの大きな行事を経験してきた2学期の通知表には，学習だけでなく生活面での評価も示されています。その中心的な役割を果たすのが総合所見です。

　生徒は学習評価をひと通り確認した後に，必ずこの総合所見欄にも目を通します。したがって，総合所見に込められた担任の思いをこの時期に語ることは，とても大きな意味のあることです。

　この総合所見は，生徒一人ひとりに対して愛情をもって寄り添ってきた担任であるからこそ書ける内容であり，そこには担任の生徒一人ひとりの成長を願う思いが込められています。この2学期末は，そんな担任の願いを伝える絶好のタイミングです。

2 トークの概要

①総合所見欄の存在（改めて注目させる）
②読んだ感想（自分への思いが込められていることに気づかせる）
③担任の所見に込めた思い（生徒一人ひとりの成長を願う担任の思いが込められている）
④再読（再度所見を読み返すことで，3学期に向けての担任の思いを受け止め，目標をもたせる）

所見は先生からの愛情のメッセージ

> 皆さん，通知表の最後にある所見は読みましたか？

　質問から入るのは，生徒の意識を学習評価から所見に目を向けさせるためです。

> 読んでくれてありがとう。どんな感想をもったか，隣の人と感想を話し合ってみてください。「自分のことをよく見てくれている」「励ましてもらってうれしい」というような感想をもってくれたら，先生もうれしいです。

　意識して読まないと，ざっと１回目を通しただけで，深く考えることがないことが多いものです。ペアで感想を交流させることで，他の人も担任から温かい言葉をもらっていることに気づかせます。

> この所見を書くために，皆さん一人ひとりの２学期の活動を振り返ってみました。学級全員がこの２学期に大きく成長してくれました。担任として最高の喜びです。その喜びを文章にしたのが，この所見です。私からの感謝と期待を込めた激励の言葉と捉えてください。字数は限られていますが，皆さんへの愛情と思いは無限大です。

　普段，担任から生徒に向けてこのような内容を話す機会はあまりありません。大きな行事を成功させてきたこの時期だからこそ語れる言葉の数々です。はずかしがることなく，生徒への愛情を語ってみてください。生徒の表情が真剣なものに変わっていきます。

> では，もう一度所見を読んでみてください，３学期の目標をつくる参考になればと思います。

　再読させることで３学期への意欲づけをします。生徒の自己肯定感が上がる瞬間でもあります。

通知表

所見文例

●当番活動で仲間と協力して取り組んだ生徒

> 給食や清掃当番等の当番活動に責任をもって取り組むことができ，自分の仕事が終わると，すぐに仲間の仕事の手伝いを行うなど，協力的な姿勢が随所に見られました。

係活動については，具体的な活動を明記したうえで，その様子を保護者にも伝わるように明確に示すことが大切です。

●部活動に熱心に取り組んだ生徒

> 中学校ではじめての部活動であるにもかかわらず，常にチャレンジ精神をもって練習に臨みました。だれよりも早く体育館に行き，部室の清掃や道具の準備をする姿から，卓球に対する真剣な姿勢を感じました。

部活動の所見では，技術面の記述だけでなく，活動全体に対する取組の姿勢等から具体的で丁寧な記述をすることが重要です。

●友だちが少なく学級になじめていない生徒

> 行事に参加する中で，新しい友人との交流が生まれています。この出会いは○○さんの世界を広げていく大きなチャンスになるはずです。

3学期に向けて，変化のきっかけがどこにあるかを伝え，励まします。

●総合的な学習の時間に熱心に取り組んだ生徒

「世界」をテーマとした学習で，「問い」を自ら設定する活動に意欲的に取り組み，「自分には何ができるのか」という問いを一貫してもち続け，自分なりの答えにたどり着くことができました。

総合的な学習の時間の評価では単元を通した成長を見取ることが大切です。

●合唱コンクールにおいて指揮者として活躍した生徒

自分自身の指揮の練習に加えて，学級の練習をまとめていくという指揮者の大役を果たし，自分の可能性を大きく広げることができました。

リーダーの大役を労う言葉とともに成長を認めることがポイントです。

●体育祭において応援団として活躍した生徒

体育祭の応援団に自主的に参加し，上級生と協力して巨大なマスコットをつくり上げるなど，主体的に行事に関わる姿が印象的でした。

学級に加え，学校という大きな場面での活躍を評価することも大切です。

●努力するものの結果に結びつかない生徒

学習は結果だけでなく，どのように学んだかが大切です。学び方がわかってくると，必ず成果が目に見えるようになります。

結果ではなくプロセスが大切であることを意識させ，励まします。

通知表

●道徳の授業に意欲的に取り組んだ生徒

　偉人や音楽家，アスリートなどの人物の特色ある生き方に強い関心を示し，自分自身も明確な目標をもち，強い意志で実現に向けて努力したいという思いをもつようになりました。

道徳の評価では，生徒の道徳性の成長を評価することが大切です。

●学級活動における自己理解活動に積極的に取り組んだ生徒

　学級活動で取り組んだエゴグラムの結果を基に，自分自身の個性や長所について意見交換をすることで自己理解を深めることができました。

生徒の活動に価値づけをすることが大きな励ましになります。

●委員会の活動に意欲的に取り組んだ生徒

　清掃道具の修繕や整頓，早朝の落ち葉掃きに積極的に取り組むなど，美化委員としてよりよい学校環境づくりに取り組みました。

２学期は委員会活動の幅が広がり，活躍が目に見えるようになります。

●欠席日数が増えてきた生徒

　今は自分を見つめる大切な時期です。自分が今求めているものがなんなのかをじっくりと考えることを大切にしていきましょう。

焦らせることは禁物です。自分らしさを大切にする記述とします。

● ICT 端末を効果的に活用した生徒

　タイピングのスピードが速く，社会科や理科の調べ学習では，自身が調べた結果をプレゼンテーションソフトを使ってわかりやすくまとめることができ，発表も理路整然としていて見事でした。

端末を効果的に活用する姿を評価しています。

●学年のリーダーとして活躍した生徒

　学年リーダー会の一員として学期の締め括りに学級ごとのよさを紹介し合う学年集会を企画し，互いの成長を確かめ合うことができました。

学年という舞台で活躍する生徒の姿は，大きな成長の証となります。

●主体的に学習に取り組んだ生徒

　授業で学んだ内容が十分理解できていないときに，わかるまで教科書やネットを使って調べるなど，粘り強さが存分に発揮されていました。

粘り強さや学習を自ら調整する力を認めることも大切です。

●作業が遅れがちな生徒

　安全に気を配りながら丁寧に作業することができていたので，今後はまわりとのバランスも意識できるようになることを期待しています。

まずはマイペースでも丁寧にできていることを価値づけます。

教室トーク
「はじめて尽くしを乗り越えて」

1 話し始める前に

　1年生の2学期は，中学校生活に慣れてくる時期であると同時に，はじめての行事を経験しながら成長する時期でもあります。意欲的に活動できる生徒ばかりではなく，ただ流れに乗って毎日をこなしている生徒，中学校生活に後ろ向きになっていく生徒もいます。担任として，「どのタイプの生徒も広い心で受け入れ，認めているよ」という姿勢を表情や語り口で伝えることが大事です。小学生だった自分が，中学生になってここまで過ごしてきた，ということをともに喜び合いましょう。そうすることで，前向きな気持ちも生まれます。

2 トークの概要

①始業式の学活の時間を思い出す（2学期の長さを意識させる）
②行事やそのときの気持ちを思い出す（自分の気持ちの変化や生活，学級としての振り返りをすることで個人と学級の視点をもたせる）
③体験したこと，努力したことを思い出す（努力した自分の姿に気づかせる）
④1年前の自分と比較して，中学生としての意気込みをもたせる（1年前に想像していた自分と今を比較しながら，理想の自分を目指す意欲をもたせる）

はじめて尽くしを乗り越えて

> 「一緒に2学期をがんばってみませんか」と学級通信始業式号に書いたのを覚えていますか？ 皆さん，毎日本当によくがんばりました。

2学期をどのようにスタートさせたのか再確認します。

> 「課題をやるのが嫌だなぁ」「部活はちょっと疲れちゃった」…そんなことを思ったときもあったかもしれません。「テストかぁ…」とため息が出るときがあったかもしれません。「毎日合唱するのも疲れたなぁ」と少しだけ立ち止まりたいと思ったかもしれません。でも，そこから逃げることなく，みんなで支え合ってきました。これはすごいことです。人は，なかなか普通のことができないときもあるのです。

中学生になってはじめて体験することが多い学期です。うまく順応できる生徒もいれば，そうでなかった生徒もいます。そのどちらのタイプの生徒も受け入れ，認める姿勢で話すと，生徒も安心します。

> いろいろと悩んだり，考えたり，迷ったりしたと思います。自分のペースに合わせて今日までよくがんばってきました。

様々な経験や努力してきたことを認める言葉かけが必要です。

> 中学生になってはじめての年越しですね。1年前の自分と比べてみてください。「今年は○○する！」という意気込みが心の中にわいてくると思います。3学期のはじめには20○○年の意気込みを書いてもらいます。大きなことでも小さなことでもOKです。考えておいてください。

中学生であることを実感する年越しになるよう意識づけします。さらに，中学生としての1年間の目標を立てることを伝え，前向きな気持ちで冬休みを過ごせるようにします。

終業式

教室トーク
「1年生の締め括り，そして2年生0学期」

1 話し始める前に

　新年を迎え，多くの生徒は新しい目標や希望，決意をもって3学期の始業式を迎えていると思います。3学期は，「今年度の締め括り」であり，「次年度へのつながり」ともなる重要な時期です。「2年生の0学期」とも呼ばれます。その3学期の始まりに大切にしたいことは，生徒一人ひとりが何に取り組めばよいかを具体的に描けるようにすることです。

　そのために，2学期の終わりに4月から12月までの生活を振り返り，個人や集団（班，学級）の成果と課題について話し合いを行い，まとめておくとよいでしょう。その際に意識したいのが「学級目標」です。4月に仲間と話し合って決めた学級目標の達成に向け，個人や集団が取り組むべき目標を具体的に設定できるようにしましょう。

　また，3学期の生活や行事等の見通しをもつことも重要です。3学期には卒業生を送る会や卒業式があり，3月からは1，2年生だけでの学校生活が始まります。見通しをもつことで，目標や目指すべき姿についてより具体的にイメージすることができるでしょう。

2 トークの概要

　①目標の交流
　②自分たちの実態に合った目標設定
　③3学期の意味や役割と，見通し

1年生の締め括り，そして2年生0学期

> 　今日から，3学期が始まります。今日の日を迎えるにあたって，自分の目標を決めてきたという人はいますか？

　数人の生徒に発表してもらい，仲間が立てた目標に共感したり，参考にしたりすることで，自分自身の視野を広げることができます。

> 　目標をもつことはとても大切です。目標をもって過ごす生活と目標をもたずに過ごす生活とでは，同じ時間を過ごすにしても，成長に大きな差が生じます。もちろん，目標の内容も大切です。2学期の終わりに4月からの生活について学級で振り返りをしましたね。どのような内容があったか覚えていますか？

　目標を立てるときに大切なことは，自分たちの今の姿を正確に捉えることです。そうすることで，これまでの成果や改善すべき課題が見えてきます。話し合ってまとめた学級の現状や学級の足跡等を用いながら目標を設定できるようにしましょう。

> 　成果はさらに高め，課題は少しでも改善できるように，個人と集団の目標を確認しましょう。ここで大切にしたいのが，学級目標です。その達成に向けて必要なことは何かもよく考えてみましょう。

　ワークシートを用意して書き込む時間を確保してもよいと思います。個人の目標だけでなく，集団の目標も考えることで，ともに生活できる期間が残り3か月ほどになった学級への意識も高めることができます。

> 　3学期は，1年間を締め括る学期であると同時に，2年生へとつながる大切な学期です。成長した自分や集団に自信や誇りをもって，2年生に進級できるようにしましょう！

始業式

教室トーク
「有終の美を飾ろう！」

1 話し始める前に

　3学期に行われる定期テストは，中間・期末テストではなく，「学年末テスト」として行われることがほとんどです。3学期が短いということもありますが，学年末テストと呼ばれる理由は，このテストが1年間の学習の総決算として，年度を締め括る重要な意味をもっているからです。よって，担任としては，これまでの定期テストで大切にしてきた，「目標をもつ」「計画的に取り組む」「わからないところを解決する」といったことがきちんと身についているかどうかを見届けたいものです。そして，今年度最後の学年末テストに向けた取組こそが，将来の進路選択に直接つながる2年生の学習を左右するということを，しっかりと伝えていきましょう。

　学級の仲間関係も1学期と比べると深まってきています。そんな温かな仲間関係を生かし，2年生になって次の学級へ進んでもがんばり続けることができるよう，一人ひとりの成長を認め合うことも大事にしましょう。

2 トークの概要

①学年末テストの意味（1年間の総決算という意義を理解させる）
②これまでつけてきた力（「学習内容の理解・定着」と「自分で学ぶ力」の両面が大事であることを伝える）
③具体的な取組方法（「目標・計画・解決」を大切にした取組を促す）

有終の美を飾ろう！

　これまでは中間・期末テストといってきましたが，今回は１年間の総まとめの意味を込めて「学年末テスト」といいます。皆さんは，どんなことをがんばりたいと思いますか？　交流してみましょう。

　「これまでで一番よい点数を取りたい」「中途半端にならずに最後まで取り組みたい」「苦手な教科を今年中に復習したい」などという前向きな声をたくさん引き出します。そのうえで「有終の美」と板書し，１年間の総決算としてのテストなので悔いが残らないようがんばろうと伝えましょう。

　ところで，皆さんはこれまでのテストに向けた取組の中で，何を一番努力してきましたか？　授業中の発言を大切にした人もいますね。家庭でのテスト勉強を大事にした人もいます。ワークなど提出物を必ず出すことを大切にした人もたくさんいます。今回の学年末テストでは，最高の結果を出すことを目指すのですが，それだけではなく，２年生になっても自分で学習することができる力を向上させることが大事なのです。

　結果としての点数も大事ですが，その良し悪しに一喜一憂するのではなく，何より，授業の復習や補充等を自分のために自分で考えて１人で行う力をつけることが，来年度以降につながっていくことを伝えましょう。

　そのために，まずはしっかりと目標を定め，自分のペースで学ぶことができるよう学習計画を立てましょう。重点的に取り組む教科に時間を割り，苦手を克服することも大事です。そして，家庭での自主学習ノートを効果的に生かすために，間違えた内容は必ずやり直し，疑問点を来年度に持ち越さないようにしましょう。

　これまでの定期テスト対策で積み上げてきたノウハウをフル活用し，２年生以降も自分で学ぶことができるよう励ましていくことを大事にします。

学年末テスト

家庭学習・事後指導

> ポイント
> 1 家庭学習の質を高めるノートづくりを促す
> 2 来年度につながる励ましをする

1 家庭学習の質を高めるノートづくりを促す

　学年末テストは，冬休み明けの約1か月後に設定される1年間の総まとめのテストです。出題範囲に1，2学期の学習内容が含まれる場合もあり，毎日コツコツと復習する家庭学習の質が大切です。そのカギはノートづくりです。家庭での自主学習ノートというと，教科書やワークの問題を解いて答え合わせをするだけで終わる生徒もいますが，大事なことは，「何を」「なぜ」間違えたのかといった分析をし，次につなげていくことです。取組の好事例を学級通信等でどんどん紹介し，来年度につなげていきましょう。

2 来年度につながる励ましをする

　「終わりよければすべてよし」という言葉があるように，1年生最後となる学年末テストを気持ちよく締め括りたいものです。そのためには，結果如何にかかわらず，努力した事実を認め合い，2年生へ気持ちよく送り出しましょう。例えば，学習委員会と学年職員の連名で，「やりきり賞」「伸び伸び賞」「がんばり賞」「アイデア賞」など，個々の生徒の努力をイメージした賞を設け，称え励ます方法があります。

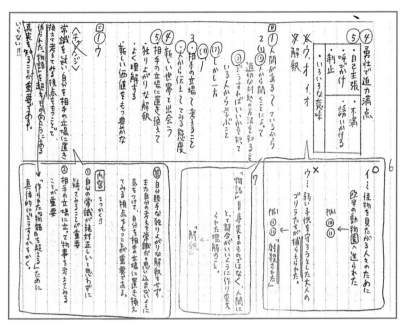

間違いを生かして学ぶ自主学習ノートの工夫

やりきり賞

1年○組　　○○○○　殿

　あなたは1年生学年末テストにおいて家庭学習○○時間・自主学習ノート○○ページを達成することができましたのでその努力を称えここに賞します

　今後も2年生に向けて学習リーダーとして取り組んでいかれることを期待します

　令和○年2月○日

　　　　　　　　　　　　　　　　　　○○市立○○中学校
　　　　　　　　　　　　　　　　　　第1学年　学習委員会
　　　　　　　　　　　　　　　　　　職員一同

2年生につながる取組をした生徒に贈る「やりきり賞」

教室トーク
「2年先を見据え，自分を知ろう！」

1 話し始める前に

　中学校生活の出口において，だれもが向き合うのが「進路」です。しかし，1年生は学校生活や授業，部活動等，中学校での生活に慣れることに必死で進路についてじっくり考えることは難しいでしょう。また，高等学校についても，家族や先輩から校名を聞いたことがある程度で，校風や特色については理解していない生徒が多いと思います。それは職業に関しても同じです。

　そこで，1年生の進路学習では，2年先のことを見据え，「自分を知る」ことを大切にしましょう。

　そのために，まずは進路について知ることです。進路学習とは何をするのか，どのような流れで進んでいくのか，受験や就職までにどのような準備をする必要があるのかなど，大まかな見通しをもつことが大切です。

　次に，「自分を知る」ことです。進路実現において最も重要なのは，自分に適した進路を選択することです。そのためにも，夢や興味・関心，長所・短所など，知っているようで知らない自分のことをよく知るところから始められるようにしましょう。

2 トークの概要

①進路について知っていることの交流
②進路決定までの大まかな見通し
③まずは自分について知ることから

2年先を見据え，自分を知ろう！

> ここにいるだれもが中学校生活の出口で向き合うのが「進路」です。皆さんは，進路について何か知っていることはありますか？

とにかく知っていることについて発表をしてもらうことで，まずは進路について関心をもてるようにしましょう。

> そうですね。進路については，きょうだいや保護者，先輩たちからも，様々な情報をもらっていますね。ただし，進路の決定に向けて，どのような準備をしていくのかについては，よく知らない人も多いと思います。実は，3年生の教室に掲示してある進路決定に向けてのスケジュールを借りてきました。どのような流れで進めているのか確認してみましょう。

実際に3年生の先輩たちが取り組んでいることは，1年生にとっては大変興味深いものです。3年生の姿や気持ち，実際の声などもあわせて紹介することができると，進路に対する関心をもたせるのにより効果的です。

> 3年生たちは，このような流れで進路決定に向けて取り組んでいます。では，1年生のうちに進めるとよいことはなんでしょうか。先生は，「自分を知る」ことだと思います。実は，中学校を卒業して新たな生活を始めた先輩の中には，学校や仕事を辞めてしまう人もいます。その理由で多いのが「自分に合わなかった」というものです。ですから，自分の夢，目標，長所・短所など，まずは自分を知ることから始めましょう。そうすることで，自分に適した進路決定につながっていきます。

準備したワークシートを用いて書き込んだり，小学校から持ち上がっているキャリア・パスポートを見返したりして，自分自身のことを見つめる時間を確保するとよいでしょう。また，教師が経験してきた進路に関わる出来事を語ることも効果的です。

進路学習

学級活動

> ポイント
> 1　3年生がやっていることを紹介する
> 2　職業に結びつけて考えさせる

1　3年生がやっていることを紹介する

　3学期に入ると3年生の先輩たちの動きが今までとは違ってきます。1年生は，受験が始まったということを知っていても，3年生が具体的にどのような動きをしているかまでは知らない生徒がほとんどです。そこで，3年生に実際に配付されている進路に関わるスケジュール表や進路通信を示しながら，3年生の動きについて説明します。大切なことは，2年後の自分がどのような状況になっているのかを生徒がイメージしやすいように具体的に説明することです。例えば，3年生の学習時間や勉強内容等を紹介することは，進路に対する興味をもたせるのに効果的です。

2　職業に結びつけて考えさせる

　進路というと，多くの生徒は進学のことを考えます。しかし，進学だけが進路ではなく，その先の職業に結びつけて考えることも大切です。そこで，1年生のうちに家族や知り合いに尋ねながら，興味のある職業について調べ学習を行い，よく知る機会を位置づけましょう。このことは，夢や目標をもつことにもつながります。

興味のある職業について、調べよう！

1年（　）組（　）番
氏名（　　　　　　　　）

1　自分が興味のある仕事・職業は（　　　　　　　）です。

※資料をもとに、気になった仕事・職業について調べよう。
※「職業興味（職業リスト）」から選ぼう。

ア　どんなことをする？
　　（具体的な仕事の内容を書こう。）
・
・
・
・
・

イ　何人働いているの？

2　どんな仕事？

インタビューに書かれていることを

わたしの夢と希望の実現に向けて

1年（　）組　氏名（　　　　　　　　）

1　自分の将来の夢や希望を書きましょう。理由も書きましょう。

〈希望〉

〈理由〉

2　自分の夢や希望を実現させるために、今後努力しなければならないこと
　をまとめましょう。

学習面では

生活では

その他

「職業調べ」や「自己見つめ」のワークシート

153

教室トーク
「感謝を伝え，伝統や文化を引き継ごう！」

1 話し始める前に

　生徒会活動の一環である卒業生を送る会は全校で行われますが，特に1年生は，中学校生活が始まったときに3年生に様々な場面で支えてもらったはずです。具体的な場面を思い出しながら，卒業生にどのような思いを伝えるかを明確にしていきましょう。またこの会は，感謝を伝えると同時に，中学校の伝統や文化を引き継ぐという目的も設定できます。中学校の伝統や文化とは何か，またどのような思いや姿勢で参加するとよいのかについても学級や学年で話し合いながら進めていきたいところです。

　会の企画・運営は2年生が中心となって行うので，ぜひ2年生の動きにも注目させましょう。次年度は自分たちが担当するという自覚をもたせるとともに，4月からの2年生としての生活につなぐためです。

　また，この会が3年生とともに学校行事を行う最後の機会になるはずです。中学校の卒業を間近に控えた3年生が見せる表情や姿，発する言葉に注目し，3年生とともに活動する最後の機会から，1つでも多くのことを学ぶことができる会にしたいものです。

2 トークの概要

①卒業生を送る会に臨む姿勢

②2年生の動きに注目

③3年生の表情や姿，言葉に注目

感謝を伝え，伝統や文化を引き継ごう！

> 今日から，卒業生を送る会に向けての取組が始まります。卒業生を送る会を行う目的はなんでしょうか？

複数の生徒に発表してもらい，会の目的について自分自身の考えを広げることができるようにしましょう。

> 今まで3年生に支えてもらったことを思い出しながら，感謝の気持ちが伝わるように，言葉だけでなく姿でも表現しましょう。また，3年生とともに活動する最後の行事です。3年生がつくり上げてきた中学校の伝統や文化も引き継げるようにしたいですね。

卒業生を送る会の目的を確認するとともに，1年生としてどのような思いや姿で参加するかについても話し合う機会を位置づけられるとよいでしょう。

> 今回の行事において，皆さんに注目してほしいことがあります。それは，2年生の動きです。1年後には皆さんが中心となってこの会を運営していきます。会を運営する2年生の動きをしっかり観察しましょう。

2年生の思いを紹介したり，実際に2年生の担任として指導した際のことを伝えたりすることで，2年生の動きや姿に関心をもちやすくなります。そうすることで，2年生として過ごす4月からの生活にもつながります。

> そして，3月に卒業を控えた3年生が見せる表情や姿，言葉にもよく注目してください。3年生から学ぶことができる最後の機会です。1つでも多くのことを3年生から学んでほしいと思います。

会の中の関わりだけでなく，事前取組を一緒に行ったり，3年生に今の思いを語ってもらう機会を設けたりすると，3年生からより多くのことを学ぶことができます。

卒業生を送る会

学級活動

> ポイント
> 1　卒業生を送る会の価値を押さえる
> 2　3年生から何を学ぶかを考えさせる

1 卒業生を送る会の価値を押さえる

　1年生にとっては，本年度最後の全校による生徒会活動になるため，主体性を尊重しつつ，会の目的や内容について確認する必要があります。卒業生に感謝の気持ちを伝えることについては，小学校でも同じような会を経験してきていますし，1年前は送られる側だったため，イメージしやすいでしょう。しかし，学校の伝統や文化を引き継ぐことについては，学級での話し合いや教師の補足が必要になります。その話し合いを通して，どのような思いや姿で参加するかについて確認しましょう。

2 3年生から何を学ぶかを考えさせる

　この集会が3年生とともに活動する最後の機会になる場合も多いでしょう。ですから，1年生には，3年生が見せる表情や姿，言葉から，1つでも多くのことを学び取ってほしいものです。そのためには，そのような機会を設定することが必要です。例えば，掃除，給食配膳，合唱等において3年生と交流したり，3年生から中学校生活での成長を語ってもらったりする活動を，企画・運営を行う2年生とともに工夫できるとよいでしょう。

交流活動（掃除編）

あいさつ○基準		班全員○→2点
黙掃○基準		班1人×→1点
見つけ掃除○基準		班全員×→0点

掃除のある日		/	/	/	/	/	/	/	合計
曜日									
1班	あいさつ								
	黙掃								
	見つけ								
2班	あいさつ								
	黙掃								
	見つけ								
3班	あいさつ								
	黙掃								
	見つけ								
4班	あいさつ								
	黙掃								
	見つけ								
5班	あいさつ								
	黙掃								
	見つけ								
6班	あいさつ								
	黙掃								
	見つけ								
合計									

３年生との交流活動取組表（掃除）

３年生の学年合唱の様子

教室トーク
「この仲間とだからこそ成長できた！」

1 話し始める前に

　学級の仲間，先生と過ごす時間も，残りわずかになりました。小学校から大きく環境が変わり，期待や不安の中，新たな仲間，先生と歩み出した，中学生としての土台づくりの1年間でした。

　学級納めには様々な形がありますが，事前にその大切さを語り，生徒が気持ちをつくって当日を迎えられると，効果がより大きくなります。

　振り返りを中心に行う場合，一人ひとりのがんばりを認めつつ，じっくりと1年間の歩みを振り返ります。そして，4月に立てた学級目標が達成できたかどうかを確認することを通して，「この学級で成長してきたのだ」という実感をどの生徒ももてるようにしましょう。さらに，一緒に生活してきた仲間や先生に感謝の気持ちをもち，2年生への期待が膨らむような時間にしたいものです。学級解散式を行う場合，事前に会の流れ（例えば，①学級の歩みの確認，②学級目標の達成，③最後の合唱，④先生の話）を学級の企画委員と一緒に確認しておくとよいでしょう。

2 トークの概要

①1年間の振り返り（学級の歩みの確認）
②学級目標達成の確認（成長の実感）
③最後の合唱（仲間への感謝）
④担任としての思い（生徒たちへ感謝と期待を語る）

この仲間とだからこそ成長できた！

> いよいよ，この仲間，この教室とのお別れが迫ってきました。小学校とは大きく環境が変わった１年間でしたね。この１年間の思い出を振り返ってみましょう。どんなことが印象に残っていますか？

生徒から，自由に発言させるのもよいですし，学期ごとに区切って発言させてもよいでしょう。体育大会，宿泊学習，合唱コンクールなどの行事を答える生徒が多いはずです。その中で「自分は何を学んだか」についても，聞いてみましょう。集団から個々のがんばりにも視点が向かうはずです。

> ところで，学級でのいろいろな取組の中で，常に意識してきたものがありましたね。…そうです，「学級目標」です。４月に決めた学級目標は，達成できたでしょうか？　また，なぜそう思いますか？

学級や仲間のどんな姿が，学級目標の目指す姿に適っていたかを発言させながら，じっくりと生徒の声に耳を傾けましょう。この場で生徒が語る言葉が１年間の学級の評価であり，教師自身も自分の指導を振り返るよい機会になります。

> 仲間と歌う最後の合唱です。どんな気持ちで歌いたいですか？

１年間，この仲間と歩んだからこそ，自分が成長できたことへの感謝の気持ちを歌に込められるとよいでしょう。

> まずは，全員に感謝の言葉を贈ります。ありがとうございました。（中略）
> ４月から，学校の中核となる２年生ですね。様々なことを乗り越えてきたみんななら，きっと大丈夫です。自信をもって２年生へ向かいましょう。

生徒への感謝と２年生への期待を伝えることが大切です。長々と話すのではなく，短くシャープにまとめて，数分程度がよいでしょう。

学級納め

159

学級解散式

> ポイント
> 1 学級の歩みを写真で振り返る
> 2 1年間の振り返りからがんばりを把握する

1 学級の歩みを写真で振り返る

1年生は，中学生として，はじめての学級納めです。学級納めには様々な形がありますが，学級の1年間の歩みを折々の象徴的な写真とともに振り返る時間を設けるのがおすすめです。

配慮すべき点は，以下の2つです。

①学級のどの生徒も1枚は必ず登場すること。

②体育祭や合唱コンクールなどの行事やイベントの写真だけでなく，日常生活の中の係活動など，個々ががんばっているものも含めること。

この2点を大切にして，さらに雰囲気を盛り上げるBGMを効果的に使った演出などを考えてみるのもよいでしょう。

2 1年間の振り返りからがんばりを把握する

修了式の日には，一人ひとりに通知表を渡しながら，最後のとっておきのひと言をかけたいものです。そこで，学級納め（学級解散式）の中で1年間の振り返りを書かせ，それぞれの生徒のがんばりを把握しておくのもよいでしょう。

１年生の１年間を振り返ろう

１年○組　（　　）番　名前（　　　　　　　　　　）

1　１年間で自分ががんばったと思うこととその理由

（自由に書いてください）

> ※教師も思っていなかったような内容を書く生徒もいるかもしれ
> ません。生徒の思いをじっくりと受け止め，その生徒にかける
> 最後の言葉につなげましょう。

2　あなたが見つけた学級の仲間のがんばり

（あなたによい影響を与えてくれた仲間を教えてください）

【　　　　さん】

> ※仲間から認められることは，場合によっては，教師から認めら
> れるよりも大きな意味をもちます。名前のあがった生徒への励
> ましにも生かすとよいでしょう。

3　２年生でがんばりたいこと

> ※次の学年への心構えや期待をもたせましょう。そして，１年生
> をやりきって，２年生になるという自覚をもたせましょう。

１年間の振り返りシート例

教室トーク
「道徳って，何をどう評価するの？」

1 話し始める前に

　3学期の通知表では，総合所見だけでなく，「特別の教科　道徳」の評価（所見）も記載されます（毎学期記載している学校もありますが，1年に1回という学校が多いようです）。この道徳の評価について，なぜ数字ではなく所見なのかわかっている生徒は少ないと考えられます。中学校ではじめて道徳の評価を記載するこの機会に，その理由を説明するとよいでしょう。

　道徳の評価は，人間性の評価ではなく，授業の中での生徒の学習状況や道徳性の成長を見取るものであることや，それらは数値では表すことができないものであることを確認します。また，その評価は道徳の授業についてのみ行われており，日常生活の中の言動を評価したものではないことについても確認します。

2 トークの概要

①道徳の所見の確認（その存在について意識をもたせる）
②道徳の評価がある理由（なぜ道徳の評価があるのかを知らせる）
③道徳の評価の方法（どのように道徳の学習を評価しているのかを知らせる）
④再読（自分の所見を再読し，自身の学習状況や道徳性の成長を確認させる）

道徳って，何をどう評価するの？

> 通知表の中に道徳の評価を記載した欄があるのに気づきましたか？　読んでいない人はじっくり読んでみてください。

道徳の評価は所見として記載されていることを確認させるためです。

> この道徳の所見はなぜ記載されているか知っていますか？　道徳は，正式には「特別の教科　道徳」といい，国語や数学と同じ教科です。ですから，学習の様子を評価することが必要になってきます。しかし，他の教科と同じように数字で表すことは無理なのです。道徳の授業では，生き方を学び，自己を見つめる学習を行っています。心の中にあるものを数字で評価することはできません。そこで，文章で記述することになりました。

道徳は，正式には「特別の教科　道徳」であることにも触れ，教科であることを生徒に伝えることが大切です。

> さて，道徳の所見として何が書いてあるのか知っていますか？　皆さんの学習の状況と道徳性の成長の様子が記述されています。人間性ではありません。あくまでも授業の中での評価となります。皆さんが書いたワークシートやポートフォリオを参考にして記述しています。

こういった話ははじめて聞く生徒も多いでしょう。道徳性や人間性という言葉の意味についても触れると，より深く道徳の評価について理解できます。また，評価の根拠（材料）についても明確に示すことが大切です。

> では，もう一度道徳の所見をじっくり読んでみましょう。学習状況と道徳性の成長がどのように評価されているかわかりますよ。

道徳の所見を再読させ，自分の道徳に対する評価を知り，２年生での学習に意欲をもたせることが大切です。

所見文例

●友人関係の改善を実現した生徒

> 新しい友人との関係に悩む日もありましたが，自分の言動をしっかりと見つめ直すことで，友人関係を改善するとともに，周囲に気配りをする温かい心の大切さに気づき，友人を増やすことができました。

友人関係については，生徒との面談などを通じて確かな情報を得たうえで所見を作成することが大切です。

●部活動において成長が見られた生徒

> 部活動の顧問や上級生からのアドバイスを受け入れる素直さをもち，技術，精神両面で目を見張るような成長が見られました。また，学年の中心的存在となり，チーム全体を考えた行動ができるようになりました。

部活動に関する所見は，顧問からの情報が必須になります。普段からこまめに情報収集しておくことが大切です。

●苦手教科がある生徒

> 年間を通じ，苦手意識をもっている英語の学習に意欲的に取り組むことができました。この粘り強さは，他教科でも大いに発揮されました。

結果ではなく，努力の過程を認めることで自信をもたせます。

3学期

●道徳の授業で道徳性の成長が見られた生徒

　学級全体での議論を通して，きまりや規則は人を束縛するものではなく，お互いが気持ちよく生活するうえで，なくてはならないものであるということを深く考えられました。

道徳性の成長はワークシートやポートフォリオが貴重な資料になります。

●図書館をよく利用している生徒

　図書館をよく利用し，身近に本を置くという充実した読書習慣が身についています。その読書力は対話力として授業中に発揮されています。

生徒の具体的な行動を価値づけすることが重要です。

●リーダーを支えることができた生徒

　学級のリーダーの活動を常に応援し，１年のまとめの学級会の企画や運営において自主的に役員をサポートすることができました。

リーダーだけでなく，それを支える支持者にも目を向けることが大切です。

●友人関係のトラブルが多かった生徒

　人と人との関わりについて深く考えることができた学期になりました。人に対する優しさを大切にし，充実した学校生活を実現させましょう。

どんな生徒にも励ましの言葉をかけることが大切です。

●表現力が豊かな生徒

美術の絵画作品をはじめとして，技術のパソコンによるデザインアートや家庭科の服飾デザインなど，オリジナリティと瑞々しい感性にあふれた作品を次々とつくり出すことができました。

1教科だけでなく総合的な面から生徒のよさを記述しています。

●自然愛護の思いにあふれている生徒

園芸委員として，花壇への散水だけでなく，花摘みや草取りと当番でない日にもお世話をするなど，自然愛護の心が大きく育ちました。

3学期の評価は1年間の継続した活動の評価でもあることを意識します。

●卒業生を送る会で活躍した生徒

卒業生を送る会の準備において，自らのアイデアでメッセージカードを準備し，卒業生に大きな感動を与えることができました。

具体的な行動を価値づけすることで，自己肯定感が大きく高まります。

●感情のコントロールが苦手な生徒

ピアサポート学習において相手のことを理解することの大切さや怒りとのつき合い方について学ぶことができました。実践していきましょう。

学校で行った活動を意図的に取り上げ，意識づけしています。

●探究的な学習に意欲的に取り組んだ生徒

> 震災をテーマとした探究的な学習において，震災を想定した避難訓練に真剣に取り組み，その体験から危険を予測し的確に行動することの大切さを学ぶとともに，防災学習の必要性を発表することができました。

探究的な学習全体の活動を見通した評価をすることが大切です。

●振り返りを充実させた生徒

> 学習の振り返りを丁寧に行うとともに，新しく生まれてくる「問い」を大切にし，次時の学習に生かすように意識して学習を進めました。

主体的な学びにおいて振り返りは極めて重要な活動となります。

●ファシリテーションが上手な生徒

> 小集団での対話の際にミニホワイトボードを活用し，班員の考えを思考ツールを使ってうまく分類することができました。

全体では目立たなくても，小集団の中での活躍にも着目します。

●日本人の友だちとのつき合い方に悩む外国人生徒

> 自分のことを理解してもらうために積極的に話しかける姿が見られました。今後は，友だちのこともどんどん知っていきましょう。

できたことを認め，他者理解にもより意識を向けさせます。

通知表

教室トーク
「自信と清々しさを胸に」

1 話し始める前に

　中学生になってはじめての修了式。これまでにも全校集会は経験していますが，3年生が卒業しているため，今回は2年生と1年生のみの集会となります。

　4月の入学式では，不安と期待を胸にその場に立っていた1年生も，中学生としての1年間をやりきったことで大きく成長しているはずです。その成長が表れるまとめの式となるとよいでしょう。

　また来年度，1年生は中堅の2年生になります。2年生になれば，3年生を支えると同時に，1年生の手本となる役割も期待されます。「この1年生なら大丈夫だ」と見ている先生や2年生から思ってもらえるような姿が見せられるようにしたいものです。事前の短学活等で，どのような姿を見せるべきかを生徒たちとともに考えておくとよいでしょう。

2 トークの概要

　①1年間の成長した姿
　②修了式へ向かう気持ちづくり
　③気持ちから姿へ

自信と清々しさを胸に

> 　今日は１年間を締め括る修了式です。みんなはこの１年間，中学生として様々なことに挑戦し，乗り越えてきました。友だちや先生たちの支えもあったかもしれません。それでも，自分自身ががんばらなければ達成感は生まれません。その達成感を胸に，修了式でも中学生として立派に成長した姿を見せてください。

　まずは１年間のがんばりを認め，修了式でも中学生として成長した姿を見せてほしいことを伝えます。

> 　この修了式は，１年生と２年生のみの式となります。みんなはこの１年間の成長を示すために，どんな気持ちで修了式に臨みますか？
> 　（数人を指名）そうですね。今，数名の人が言ってくれたように，困難を乗り越えてきた自信や，１年間をやりきったという清々しい気持ちを胸に，修了式に臨んでほしいと思います。

　教師からの一方的な提案にならないように，生徒たちの発した言葉を大切にして，修了式へ向かう気持ちを高めていきましょう。

> 　では，みんなのその気持ちを，修了式ではどのような姿で示せばよいでしょうか。（ペアやグループで相談させた後に，発表させる）修了式では，今みんなが言ってくれたように，入退場や話を聞くときの姿勢，校歌（合唱）の声などで示すことができるとよいですね。また，校長先生や生徒代表の話から，自分が感じたことも修了式が終わったら聞かせてください。

　修了式へ向かう気持ちを式のどの場面で姿として示すのかを具体的にイメージできることが大事です。また，式で聞いた話の内容から，自分が感じたことや学んだことを確認すると伝えることで，より集中して話を聞こうとする気持ちをつくることができます。

修了式

学級活動

> ポイント
> 1　学期末に1回「最高の1日」をつくる
> 2　担任以外からコメントをもらって紹介する

1　学期末に1回「最高の1日」をつくる

　修了式で，一人ひとりの姿から「1年間を通してたくましくなったな」という成長を見取ることができるようにしたいものです。そういった成長は，一朝一夕に実現するものではありません。そこで，毎学期末に1回「最高の1日」づくりを行い，理想とする姿や，実際の成長度合いを確かめることをおすすめします。右ページの写真のように，1日の理想とする姿を可視化し，班や学級全体で協力しながら取り組みます。そういった取組を経て，一人ひとりに，修了式で示す姿が具体的にイメージできるようにしていくことが大切です。

2　担任以外からコメントをもらって紹介する

　成長を自分自身が実感できることも大事ですが，見ている人たちにも何か感じるものがあるようにしていくという視点も大事であることを伝えておきます。学年主任や養護教諭など担任以外の先生にあらかじめお願いしておき，式の際の生徒の姿にコメントをもらって紹介すると効果的です。

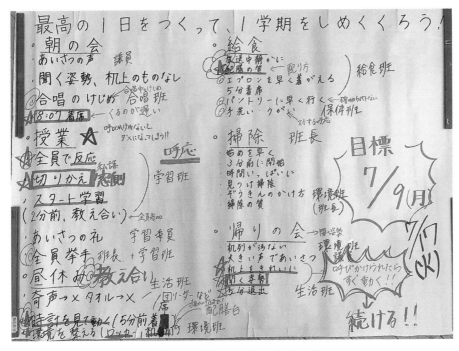

1学期末の「最高の1日」づくりの例

① 模造紙に1日の取組内容を書き，教室や廊下に掲示する。

② ①の模造紙を用いて，朝の会で計画を確認し，帰りの会で振り返りを上書きする（上の写真参照）。

③ 計画段階で，だれ（どの班）が，どの場面で，どんな声をかけるかまで具体的に考える。

④ 班で協力しながら，全員に目標達成の事実をつくる。

⑤ 学級目標につなげて評価する。

「最高の1日」づくりのポイント

【執筆者一覧】

玉置　　崇（岐阜聖徳学園大学）

山田　貞二（岐阜聖徳学園大学）

福地　淳宏（岐阜聖徳学園大学）

芝田　俊彦（愛知県小牧市立応時中学校）

波多野真嗣（愛知県小牧市立応時中学校）

土井　佐織（愛知県犬山市立犬山中学校）

平松　賢人（愛知県小牧市立応時中学校）

安形　直樹（愛知県犬山市立犬山中学校）

鹿糠　昌弘（北海道美唄市立美唄中学校）

林　　雄一（愛知県一宮市立浅井中学校）

平　真由子（金沢工業大学）

西本　　壇（愛知県春日井市立知多中学校）

比嘉　　英（沖縄県今帰仁村立今帰仁中学校）

北島　幸三（沖縄県今帰仁村立今帰仁中学校）

横山　雄作（北海道岩見沢市立清園中学校）

増田　千晴（愛知県犬山市立犬山中学校）

坂東　俊輔（岐阜県瑞穂市教育委員会）

井嶋　　潤（岐阜教育事務所）

【編著者紹介】

玉置　崇（たまおき　たかし）
岐阜聖徳学園大学教授

山田　貞二（やまだ　ていじ）
岐阜聖徳学園大学准教授

福地　淳宏（ふくち　あつひろ）
岐阜聖徳学園大学准教授

中学1年の学級づくり　365日のアイデア事典

2024年3月初版第1刷刊　ⓒ編著者　玉　　　置　　　崇
発行者　藤　原　光　政
発行所　明治図書出版株式会社
http://www.meijitosho.co.jp
（企画）矢口郁雄（校正）丹治梨奈
〒114-0023　東京都北区滝野川7-46-1
振替00160-5-151318　電話03（5907）6701
ご注文窓口　電話03（5907）6668

＊検印省略　　　　　　組版所　株　式　会　社　カ　シ　ヨ

本書の無断コピーは，著作権・出版権にふれます。ご注意ください。

Printed in Japan　　　　　　　　ISBN978-4-18-254133-9
もれなくクーポンがもらえる！読者アンケートはこちらから
→